U0946834

“儒家文明省部共建协同创新中心”资助项目

山东大学儒学高等研究院重点项目

山东省“泰山学者”项目阶段性成果

礼

汉字中国

礼

曾振宇 · 主编

付少振 毕研婷 · 著

華夏出版社
HUAXIA PUBLISHING HOUSE

图书在版编目（CIP）数据

礼／付少振，毕研婷著．-- 北京：华夏出版社，2020.9
（汉字中国／曾振宇主编）
ISBN 978-7-5080-9795-4

Ⅰ．①礼… Ⅱ．①付… ②毕… Ⅲ．①汉字－通俗读物 ②中华文化－通俗读物 Ⅳ．① H12-49 ② K203-49

中国版本图书馆 CIP 数据核字（2019）第 122837 号

礼

作　　者 付少振　毕研婷
责任编辑 蔡姗姗
美术设计 远顾设计工作室
责任印制 顾瑞清

出版发行 华夏出版社有限公司
经　　销 新华书店
印　　刷 三河市万龙印装有限公司
装　　订 三河市万龙印装有限公司
版　　次 2020 年 9 月北京第 1 版
2020 年 9 月北京第 1 次印刷
开　　本 880×1230　1/32
印　　张 7.875
插　　页 4
字　　数 176 千字
定　　价 59.00 元

华夏出版社有限公司 地址：北京市东直门外香河园北里 4 号　邮编：100028
网址：www.hxph.com.cn 电话：(010) 64663331（转）

《甲骨文合集》 27931

西周　天亡簋

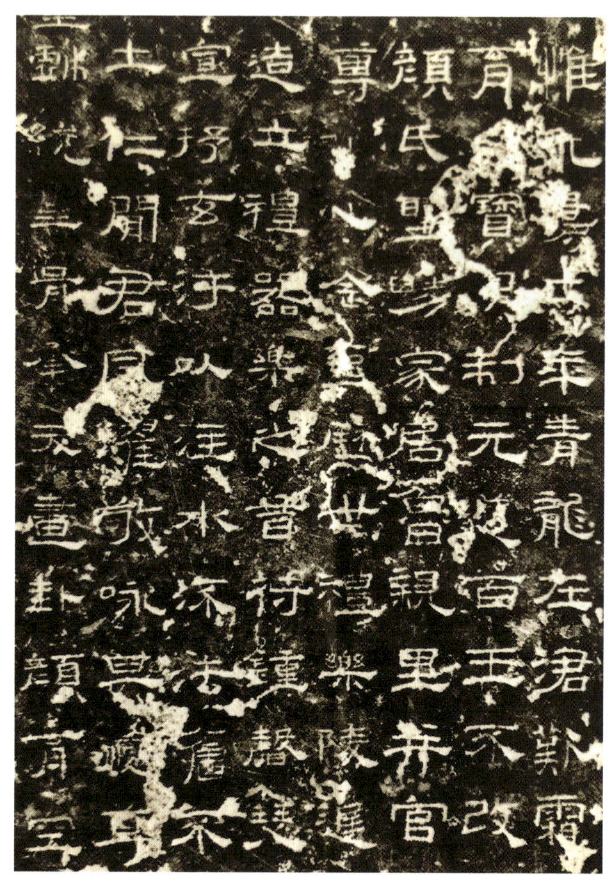

东汉　礼器碑（清代翻刻拓片）

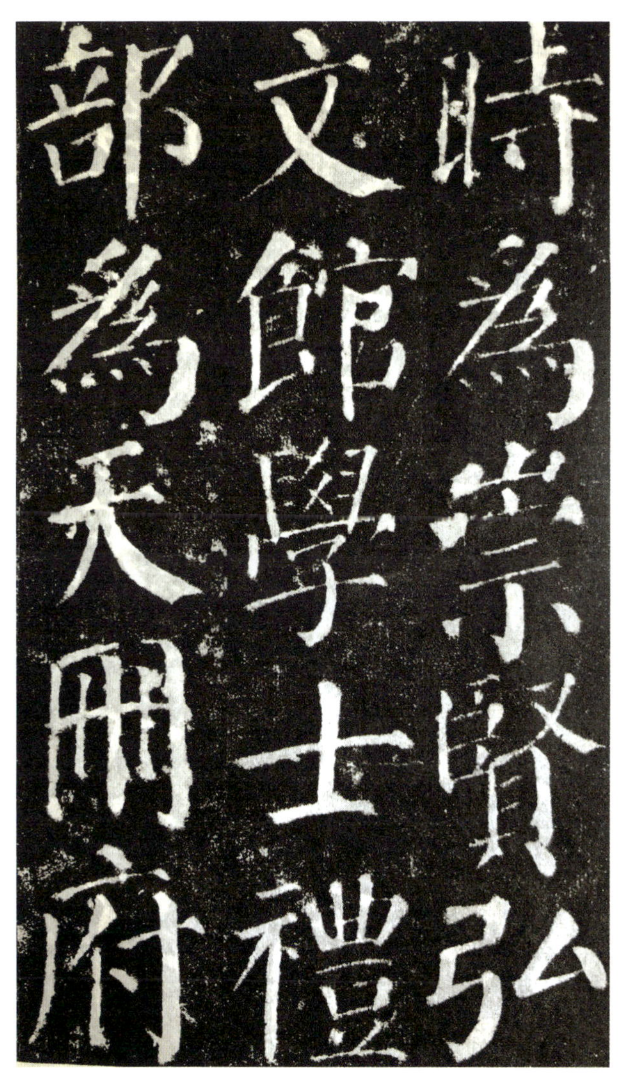

唐　颜真卿　勤礼碑

北宋　嘉祐石经周礼（残石拓片）

序

《汉字中国》丛书即将付梓，主编曾振宇教授嘱我在书耑写几句话。我认为“汉字中国”是个好题，丛书的出版是件好事，摆到读者面前的是一套好书，振宇教授美意岂能却之？遂谨献鄙意如下。

首先我想说，这是一套什么样的丛书。显然，它不是研究中国文字的学术丛书，而是在文字研究基础上通俗地讲述中国自有的文化哲学体系中一批重要概念的著作，是一套把汉字与它所承载的哲学概念如何紧密地融合起来这一独特的现象呈现出来的创新之作。

丛书的编著者们认为“中国本土哲学与文化形态中的概念、文字和词语是中国哲学与文化的‘结晶体’”。这是一个含义很深邃、又很形象的比喻。这就意味着《汉字中国》将对中国哲学与文化的概念进行深入解读，探索其内涵和外延，从而发掘、展现中华文化与其哲学的精神、品质、性格的独特性，消解中国哲学与文化之双足只穿西方哲学之鞋履所带来的误解、困惑与尴尬。反过来看，通过对中国哲学与文化的认知和体验，又可以明了并深化对这些汉字形音义的来龙去脉、衍生变异以及遗存、渗透在现代汉语词汇中的文化基因的认识。或许这也是本套丛书冠以《汉字中国》之名的用意所在吧。

诚然，《汉字中国》所分析、论列的，大多是日常所用的字词，有些即使是“专门”词语，也已经为越来越多的人所习见；但是，由于种种历史的、社会的原因，今人也常常与这些字词的深意若即若离。而如果忽略了汉字在数千年传承、延绵、孳乳、变异过程中沉淀于后世语言形式里的传统文化意义，就会冷淡了中华文化的特性，很可能语言/概念发生“漂移”现象，不得已时只好乞灵于异质文化，从而难以形成阐述中华文化的中国话语体系。

“结晶体”这样一个形象而很有意趣的比况，更会引发读者的遐想：在这个“结晶体”里面，有着丰富多样的微观世界，中国文化的种种现象和思想都在有序地存在着、排列着。由此可以想见，《汉字中国》的筹划、酝酿、研究，用心良苦矣！我不由得又想到，《汉字中国》的影响所及，可能并不仅限于人文社会科学、哲学领域，即使在构建科学技术伦理、自然语言处理、人机对话、中外语言互译，乃至人工智能等领域，似乎也可以参考一下吧。

话说得远了些，就此搁笔。

忝谓之“序”。

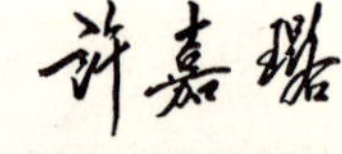

2019年8月22日

目录

第一章

礼仪概说

在人类文明发展的历史长河中，中华文化以其绚烂而又延绵不绝显得夺目。五千年的历史文明孕育了灿烂的中国文化，中国又被世人称为“衣冠上国，礼仪之邦”。礼仪文明作为中华传统文化的一个重要组成部分，对中国历史社会的发展产生了深远的影响。正如钱穆先生所说：“要了解中国文化，必须站到更高来看中国之心。中国的核心思想就是‘礼’。”

据传在三千多年前的殷周之际，周公制礼作乐，就提出了礼治的思想和纲领。其后经过孔子和他的众弟子以及孟子、荀子等人的完善和倡导，礼乐成为儒家文化的核心。记载儒家原始礼仪的主要典籍主要有《周礼》《仪礼》和《礼记》，称为“三礼”。汉代以来，以“三礼”为研究对象而形成的礼学，成为儒学的重要组成部分。它与现实社会生活中的礼仪规范关系密切，对中国文化和历史影响巨大，成为中国文化的重要基础、华夏民族精神的灵魂。

礼在中国古代社会有非常重要的地位。《礼记·曲礼上》如此阐述礼的重要性："道德仁义，非礼不成；教训正俗，非礼不备；分争辨讼，非礼不决；君臣、上下、父子、兄弟，非礼不定；宦学事师，非礼不亲；班朝治军，莅官行法，非礼威严不行；祷祠祭祀，供给鬼神，非礼不诚不庄。是以君子恭敬、撙节、退让以明礼。"可见，讲究道德仁义、教化风俗、分辨争讼是非、排列官位、整治军旅、执行法令、祭祀等都离不开礼。因此，君子明礼要有恭敬的态度，做事有节制，对人谦让。如果人们对待礼的态度不严肃，社会秩序将会混乱，影响国家和家族的长治久安。鲁成公十三年，晋厉公派遣郤犨至鲁请求援兵，郤犨处理事情过程态度不严肃。孟献子推断郤氏将会灭亡。他把礼仪做了形象的比喻，认为礼仪，是身体的躯干；恭敬，是身体的基础。而且作为先君的嗣卿，接受命令来请求出兵，想保卫国家，态度却怠惰。这种不顾国君的命令的行为会导致郤氏灭亡。此外，在一些场合采用不同等级规格的礼仪能显示出人们对这件事或人的不同态度。鲁成公十三年三月，鲁成公要去京师朝见天子，叔孙宣伯请求先行出使。京师的王孙根据他微薄的聘礼和奉承的言谈断定宣伯想要得到赏赐，他认为满足这种贪婪强横之人的愿望，是助纣为虐，建议天子对宣伯赏罚得当。于是，周简王用对普通外交官的规格礼仪来接待他。而孟献子跟从成公朝见天子，周简王把他作为成公的一位外交官，重重地赠给他财礼。周简王对叔孙宣伯和孟献子采用了不同规格的接待礼仪，表达了他对此二人行为的态度。礼仪往往表达人的态度，用礼仪来约束和规范人们的行为，可以起到教化作用，使社会更加有序。由此逐步形成了中国古代社会尊礼、守礼、重礼、行礼的风气，讲“礼仪”也成为中国古代社会的风尚。

礼还有“定亲疏”“别同异”的作用，礼规定“礼不下庶人，刑不上大夫”，故“礼仪”又包含了尊卑贵贱的等第观念，并在此基础上形成一套制度。在历朝历代统治者的推崇和宣扬下，人们被约束在礼仪制度之中，无时无处不受到它的影响。这对当时社会稳定确实起过一定的作用，但用今天的标准看来，这仅是当时社会的产物，应当对其去粗取精。

当前，“礼”通常被认为是礼节仪式。在日常的社会生活和交往中，一些中华民族传统美德如孝敬父母、尊敬师长、礼貌用语等以及交往中的一些仪式，如餐饮会客、婚丧嫁娶、走亲访友等都体现着人们的素质和民族的文明风貌，其中都蕴含了中华礼文化。现代礼仪是古代的礼仪经过漫长的发展、演变、进化而来。没有古代的礼文化，现代礼仪将是无源之水、无本之木。礼文化一路走来，经过了数千年的历史，内容已极其复杂浩繁。在此我们将从浩如烟海的礼文化中，对古代礼的内容和发展演变择要做些介绍，以使读者对此有初步的了解。

一、什么是“礼”

什么是“礼”？今天人们往往只把“礼”看作日常生活中的

文明行为规范，即日常生活中待人接物的礼节或规矩。以此理解中国古代的“礼”是浅显的、远远不够的。因为待人接物的行为规范或礼节规范固然属于“礼”的范畴，但这些只是“礼”的外表特征，我国古代“礼”的内容并不限于这种待人接物的行为规范。实际上，“礼”不仅包括了我国古代社会生活各个领域的制度和规范，而且还包涵了与这些制度和规范相配套的思想观念和制度。也就是说，“礼”是一切个人行为规范与社会规范以及与这些规范相适应的思想观念的总称。

从一定意义上说，中国古代文化就是“礼”的文化，中国古代政治就是“礼”的政治，中国古代历史就是“礼”的历史。彭林教授提出“礼”的内涵包括以下几个方面。[1]首先，礼是人类自别于禽兽的标志。人和动物的区别在于人类有自己的文明，而传统中国的文明就是体现在“礼”这一方面。其次，礼是文明与野蛮的区别或者国家与国家之间的区别。在古代中国，边疆少数民族一直仰慕中原的先进文化，在与中原王朝的交往过程中，不自觉地受到礼乐文化的影响。有的少数民族政权建立后，自我改革，采用礼乐制度来管理新生政权。第三，礼是自然法则在人类社会的体现。《礼记·乐记》云：“礼者，天地之序也。”第四，礼是统治秩序。古代中国关于中央与地方、上级与下级以及并列关系的处理原则，都用“礼”的形式来体现。第五，礼是国家典制。国家典礼都是按照以人法天的原则制定的。第六，礼

1 / 参见彭林：《中国古代礼仪文明》，中华书局2004年版，第3—8页。

是社会一切活动的准则。一方面，人们制定了“礼”；另一方面，人们都各自尊重并遵守这个“礼”。第七，礼是人际交往的方式。人与人交往，如何称呼对方，彼此如何站立，如何迎送，如何宴饮等等，都有礼的规定。行为合于礼，是有教养的表现，反之则不能登大雅之堂。可见，中国的“礼”实际上是儒家文化体系的总称。

儒家所倡导的“礼”既是一种社会政治理想，也是一种伦理道德原则与规范。礼是为了应对社会稳态结构的需求而产生的。礼是用来制约人的行为的，正如孔子说“克己复礼”。它调节着人的主观欲求和客观现实之间的矛盾，使二者之间达到一种能够维持人类社会和谐共处的平衡状态。

“礼”的基本精神是什么呢？《论语·学而》提出的“礼之用，和为贵”，实际上就高度概括了“礼”的基本精神。这就是说，推行“礼”的根本目的，是倡导社会各个阶层的人都按照“礼”的规范和谐相处。

儒家的这一“贵和”价值取向，就是当个人与他人、个人与社会之间发生矛盾与冲突时，应采取宽容、谦让的态度。这样不但有利于建立和谐的人际关系和良好的社会秩序，也有助于使整个社会形成强大的凝聚力。这个条件和原则就是“礼”。正如《论语·子路》所记载：“君子和而不同，小人同而不和。”中华民族数千年来形成的宽容礼让、谦恭善良、求大同而存小异的优良道德传统，正是这种“贵和”的价值取向长期影响和积淀的结果。当然，儒家所主张的“和”并不是无原则的同一、调和，而是在一定条件和原则下的谐和、融合，正是“知和而和，不以礼节之，亦不可行也”。(《论语·学而》)。

儒家重礼，礼的基本精神就是“和”，即“和谐”。“和谐”体现的就是人与自然、社会以及人与人之间共生、共处、共荣的精神。所以“礼”的终极目标，就是通过引导社会各个阶层按照“礼”的规范和模式来处理人与社会、人与自然的关系，从而在社会公共生活中形成一种良好而稳定的社会秩序，达到建立和谐融洽的社会人际关系的目的。这就是儒家“礼”的根本关怀。

二、“礼”的起源

“礼”文化是中华文明的重要特征之一。礼在中国远古社会由蛮荒迈入文明的过程中，对民族生活的规范化发挥过重要作用。中国古代的礼仪，可从广义和狭义两方面做区分。广义的礼仪即是前章我们所释的“礼”，内容繁杂，典章制度、朝廷法规、生活方式、伦理风范、治国根本、做人本分等统统都包括在内。狭义的礼仪，主要指人际交往中为了维护正常人际关系和社会秩序而逐渐形成的一系列行为规范。相传周公曾经“制礼作乐”，现存的《周礼》一书中保存了大量西周、春秋时期的礼仪规范。然而，关于礼的起源，两千多年来，却一直是一个争论不休的话题。其中具有影响力的说法有以下几种。

(一) 起于祭祀说

从“禮”字的起源来看，“礼”的本意是敬神、礼神，“豊”是“禮”的本字。豊，甲骨文写作。从字形上看，它就像在一个器皿中装有两个打着绳结的玉串。器皿和玉都是古人进行祭祀活动的重要器物，表示击鼓献玉，敬奉神灵。从中我们可以看出，礼和古代的祭祀有着重要的关系。金文延续了甲骨文字形，也有祭祀的含义。后来的汉字演变中，在（豊）的旁边加上（示），形成了（禮）字。从组成“礼”字的字形看，玉（）、鼓（）、示（）等有祭拜之意，可以理解“礼”的造字本义是击鼓奏乐，并用美玉敬拜祖先和神灵。篆文承续金文字形。俗体隶书基本承续籀文字形，将籀文字形中的“水”形写成“乙”形。许慎《说文解字》云：“礼，履也。所以事神致福也。”徐灏笺云：“礼之言履，谓履而行之也。礼之名起于事神，引申为凡礼仪之称。”在这里有两层意思，一是说“礼”和“履”音相近，履有实践的意思，即行动，是人们的行为规范；二是说它与祭祀鬼神有关，礼之名起源于祭祀。

郭沫若在《十批判书》中说：“大概礼之起源于祀神，故其字后来从示，其后扩展而为对人，更其后扩展而为吉、凶、军、宾、嘉的各种仪制，这都是时代进展的成果。”[1] 柳肃在《礼的精神——礼乐文化与中国政治》一书中说：“礼从它的起源开始，最早的表现形式就

1 / 郭沫若:《十批判书》，人民出版社 1954 年版。

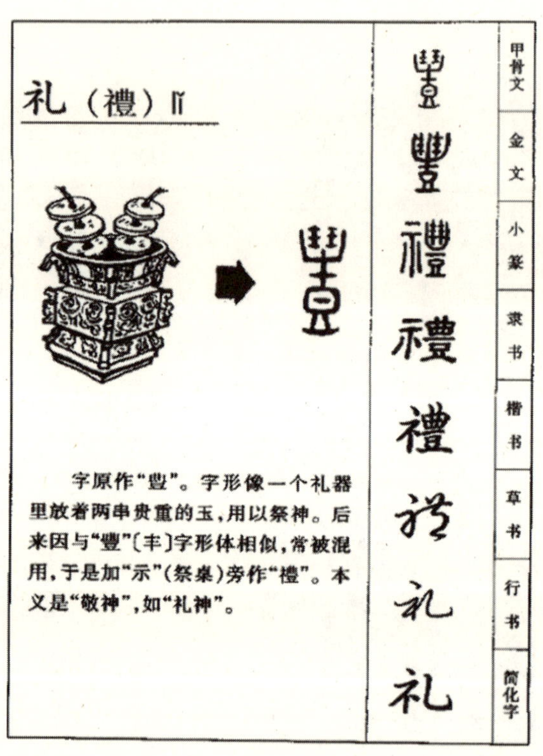

礼字演变[1]

是祭祀——对天地自然和鬼神祖先的祭祀。”这一观点认为礼一开始是人们祭祀鬼神或者先祖的行为仪式，随着时代的发展，礼所涵盖的范围越来越广，仪式越来越复杂，从“礼不下庶人”，扩展成为古代社会人际交往各个层面的行为仪式。

西方很多学者也有类似的论述。英国人

1 / 李乐毅:《汉字演变五百例（续编）》，北京语言大学出版社 2013 年版。

类学家爱德华·B.泰勒在《原始文化》一书中，以大量的人类学材料为依据，系统地论述了原始社会普遍存在的万物有灵的宗教信仰，建立了原始宗教理论。英国人类学家詹姆斯·G.弗雷泽在《金枝》一书中，也对原始宗教进行了系统的理论性阐述。时至今日，大多数人类学家或历史学家都认为在原始社会中普遍存在原始宗教信仰。目前发现的原始人类的生产生活遗迹，展现出原始人类的精神世界是一个充满精灵与鬼魂的世界。原始人的生活，无论是狩猎、采集、耕种等经济活动，还是绘画、雕刻、音乐、舞蹈、戏剧等艺术实践，都包含原始宗教的印记。这些印记就为"礼"的起源奠定了基础。

原始居民祭祀的内容非常广泛，既有对图腾、先祖的祭祀，也有对自然界鬼神精灵的祭祀。出于对鬼神精灵的恐惧、尊敬或祈求，当原始居民感到没有能力通过巫术控制神灵之时，他们便发明了许多的祭礼，希望以此获得神灵的谅解或赐福。正如《礼记·王制》记载："獭祭鱼，然后虞人入泽梁。豺祭兽，然后田猎。鸠化为鹰，然后设罻罗。草木零落，然后入山林。"我们的先人在进行捕鱼、打猎、砍伐树木等活动之前都要进行祭祀活动，以此来表达他们内心的赎罪心理。

殷周时期的祭祀承袭了原始社会的许多仪式。从殷商龟甲的卜辞可以看出，殷人不但祭祀天帝和自己的祖先，也祭祀日月、山川、星辰等自然神灵。周人亦是如此。《国语·鲁语》中记载当时祭祀的对象有"社稷山川之神""天之三辰""地之五行"以及

"九州名山川泽"等等。《周礼·春官宗伯·大宗伯》有"以禋祀祀昊天上帝，以实柴祀日、月、星、辰"及"以血祭祭社稷、五祀、五岳，以狸沉祭山林、川泽，以疈辜祭四方、百物"的相关记载。在这些祭祀的过程中，自然需要一系列应对的礼仪规范相配套。"礼"便伴随着祭祀应运而生了。

另外，还有一种与此祭祀说相近的关于礼的起源的说法，即礼源自宗教。有学者认为，中国古代的礼源自古代宗教，是古代宗教世俗化转型的结果。如钱穆先生认为："礼本是指宗教上一种祭神的仪文……中国古代的宗教，很早便为政治意义所融化，成为政治性的宗教了。因此，宗教上的礼，亦渐变为政治上的礼……因此，政治上的礼，又渐变为伦理上的，即普及于一般社会与人生而附带有道德性的礼了。"[1] 他认为礼起源于祭祀，后来融入宗教之中，在以后的历史发展过程中才演变出了政治、伦理及道德上的礼。这种说法应该是祭祀说的扩展，即将祭祀延展为宗教中祭神的活动。

（二）起源于人欲说

这一观点认为礼是为了抑制人欲而产生的。持这种观点的学者以荀子为代表。荀子道："礼起于何也？曰：人生而有欲，欲而不得，则不能无求；求而无度量分界，则不能不争；争则乱，乱则穷。先王恶其乱也，故制礼义以分之。"（《荀子·礼论》）

1 / 钱穆：《中国文化史导论》，上海三联书店1988年版。

荀子认为，礼是为了节制人欲，使人的欲望不要极端地关注到物质上面，使人各安其位。礼是为了调和、解决人性与社会财富分配之间的矛盾冲突而产生的，以求更合理地分配资源。

（三）起源于冠礼、婚礼说

这种说法来源于《礼记·昏义》："夫礼始于冠，本于昏。"在中国古代，冠礼和婚礼是人生中最为重要的两个仪式。从人生历程的角度来看，冠礼是成人的重要标志，"已冠而字之，成人之道也"，加冠、取字，使人成为独立享受权利和履行责任的个体，从此正式踏入社会。婚礼也是人生历程的重要组成部分，"礼始于谨夫妇。为宫室，辨外内"（《礼记·内则》）。婚姻制度的建立与完善是野蛮人走向文明的重要标志，而成家意味着新家庭的建立、血脉的繁衍、家族的扩展以及人类再生产的实现。冠礼、婚礼都是人生标志性的礼仪，因而一些学者认为礼来源于冠礼、婚礼。

（四）起源于饮食说

人的生存必须依靠物质来维系，其中饮食至为重要。《孟子·告子上》云："食、色，性也。"《礼记·礼运》记载："夫礼之初，始诸饮食。""饮食男女，人之大欲存焉。"于是有人认为，礼仪起源于人的本性，而饮食是人类最基本的本性，所以说礼仪起于饮食。他们认为，原始部落以食物分配的多寡来体现等级差别，等级的划分逐渐导致了礼的形成。孙希旦说："礼，经纬万端，无乎不在，而饮食所以养生，人既生则有所以养之，故礼制始乎此焉。”[1]刘泽华等学者也持这种观点，认为“人以饮食为先，礼出于饮食之道”[2]。

饮食是人类最基本的生活需要。祭祀也离不开饮食，早期的祭祀仪式几乎都要为鬼神准备食物——供品。文化人类学家普遍认为，这是古人推己及人，他们自己要吃，想象鬼神大概也是要吃的，所以就出现了祭仪上的供品。礼起于饮食，因为饮食也是一种行为方式，一经规范化，就可能产生相关的礼仪，这作为一种推理，似可成立。

《礼记》中关于“夫礼之初，始诸饮食”的记载是这样的：古时候人们把黍米和擘开的肉放在石上烧熟来吃，在地上挖坑蓄水捧着喝，抟土做鼓槌，用土做鼓来敲，向鬼神表达敬意。有人去世时，逝者的亲属就到屋顶上向北呼喊死者的名字，然后在死者口中放入米，行饭含礼，用蒲包包裹熟肉为死者送葬。死人头朝北而葬，活人屋朝南而居。从这些记载来看，礼是起源于向鬼神敬献饮食。现代的祭礼，仍然有敬献饮食的形式。

此外，对于礼的起源还有杨向奎提出的交易说。他从法国人类学家莫斯的“全面馈赠制”得到启发，认为原始社会的“礼尚往来”实际上是货物交易，中国封建社会初期的交换带有浓厚的“礼仪”性质。刘师培提出风俗说。他认为：“上古之时，礼源于俗。”吕思勉也认为

1 / 孙希旦：《礼记集解》，中华书局 1989 年版。

2 / 刘泽华：《礼学与等级人学》，《河北学刊》2004 年 04 期。

"礼源于俗"。

古往今来，许多人都在努力探寻礼仪的起源，提出自己的见解，这里不能一一提到。综合来看，他们对于礼的起源做出了有意义的探讨，提出了有启示性的见解。事实上，"礼"就像其他许多文化现象一样，溯源绝非易事。在有关"礼"的起源的讨论中，出现如此之多的讨论，也是不足为奇的。我们人类生活的世界是由两部分构成的，其一是以实践为基础的物质世界，这是人们的日常生产和生活。比如"起源于饮食男女说"就是通过对人们基本的物质生活需求来探讨礼的起源。其二，则是人们的意识世界。人类自诞生之日起便有了意识。人们头脑中的超验世界，也催生了礼的产生。因而，礼的起源具有多元性。在人类的经验世界和他们的世俗生活共同作用下，礼便产生了。

第二章

“礼”的分类

在古代中国，礼深入社会每一个层面，其名目极为繁冗，如《礼记》有“礼仪三百，威仪三千”之说。为了利用与认识的方便，人们需要对纷繁复杂的礼仪进行分类。现今所知的中国古代国家礼仪制度，大约制定于周代。人们习惯上把礼分为五礼，即：吉礼，祭祀之礼；凶礼，死丧、凶荒之礼；军礼，出征、田猎等礼；宾礼，朝见之礼；嘉礼，冠婚、饮食、宾射等礼。

一、吉礼

吉礼是指祭祀之礼。古人祭祀主要为了祈求吉祥，故称祭祀所施礼仪为吉礼。《周礼·春官宗伯·大宗伯》记载：“大宗伯之职，掌建邦之天神、人鬼、地示之礼，以佐王建保邦国，以吉礼事邦国之鬼神示。”《左传·成公十三年》有言“国之大事，在祀与戎”，可见祭祀礼仪在古代中国是一项具有国家意义的重要礼仪。吉礼是五礼之冠，主要包括对天神、地祇和人鬼的祭祀典礼。吉礼因祭祀的对象而显得肃穆庄重，人们对祭礼的态度也必须毕恭毕敬，其中寄托着古人对美好生活和社会安定的向往。同时帝王也通过这些仪式宣扬一种君权神授的观念，塑造代天统治的天子形象。

吉礼中祭祀的天神包括昊天上帝、日月星辰以及司中、司命、雨师等。历代君王大都宣扬敬天法祖的思想，以展现自己统治的正统性和绝对权威。《礼记·王制》云：“天子将出，类乎上帝，宜乎社，造乎祢。诸侯将出，宜乎社，造乎祢。”可以看出，祭天是只有皇帝或者经皇帝授权许可的礼官才享有的特权，诸侯是无此权力的。这也体现了在古代，只有帝王才有与上天直接对话的权力，是上天在人间行政的代表。古人对祭天非常重视，每次祭天，都极尽奢华，仪式繁复，仪器考究。祭天历史源远流长，据传始于黄帝时期。明清时，祭天典礼有“春正月天地合祀”“春正月祈谷大祀”“孟夏常雩大祀”“仲夏大雩大祀”“冬至祭天大祀”等。现在我们能见到的北京天坛就是明清时期帝王祭天之所，其原面积比紫禁城还要大，主要包括圜丘和祈谷两坛，有坛墙两重，形成内外坛。坛墙南方北圆，象征着古人天圆地方的宇宙观。

以“冬至祭天大祀”为例，祭天活动一般选择在冬至这一天。古人认为冬至日有三层含义，崔灵恩《三礼义宗》中指出：“（冬至）有三义：一者阴极之至，二者阳气始至，三者日行南至，故谓之冬至也。”此日最适合天地人之间的沟通。祭天之前，统治阶层会不惜耗费大量人力、物力进行细致的准备。如皇帝会提前派官员查看祭品的准备情况，对祭祀建筑及其设施进行修葺、打扫。为表示虔诚之心，祭祀前三日，皇帝须斋戒，以表示自己的虔诚。此外，皇帝要先去太庙向祖先汇报祀天情况，在皇宫集合百官宣布祀天事宜。祀日前夜，由太常寺卿率部下安排好神牌位、供器、祭品；乐部就绪、乐队陈设；最后由礼部侍郎进行全面检查。皇帝在冬至日子时到达天坛，在斋宫住一晚，日出前七刻，斋宫鸣太和钟，皇帝起驾至圜丘坛，钟声止，鼓乐声起，大典正式开始，皇帝率领文武百官赴天坛举行仪式。《周礼·春官宗伯·大司乐》记载："以六律、六同、五声、八音、六舞大合乐，以致鬼、神、示，以和邦国，以谐万民，以安宾客，以说远人，以作动物。乃分乐而序之，以祭，以享，以祀。乃奏黄钟，歌大吕，舞《云门》，以祀天神；乃奏大蔟，歌应钟，舞《咸池》，以祭地示……凡六乐者，一变而致羽物，及川泽之示；再变而致蠃物，及山林之示；三变而致鳞物，及丘陵之示；四变而致毛物，及坟衍之示；五变而致介物，及土示；六变而致象物，及天神。"各种乐舞相互配合，在圜丘演奏六次，迎接天神下降，开始进行祭祀。祭天大典是皇帝向百姓展示"君权天授"，体现统治合法性的盛大典礼，整个过程对每项细节要求极为严格，不得出任何差错。所有人员在参加祭天过程中，也要极尽恭敬，否则将被严惩。《大清律》中明文规定："每逢祭祀，于陈祭器之后，即令御史会同太常寺官遍行巡查，凡陪祀执事各官，如有在坛庙内涕唾、咳嗽、谈笑、喧哗者，无论宗室、觉罗、大臣、官员，即指名题参。"这些对态度的规定，彰显了祭祀礼仪的严肃性和重要性。这一系列的敬天活动，在精神层面加强了皇权，同时也满足了普通民众祈求超自然神灵保佑的心理需求。

祭祀地祇礼，主要是对土地神灵的祭祀活动。古代中国以农为本，以农立国。古人对土地有深厚的感情，有“天父地母”的说法，由此衍生出了各式各样的富有等级层次的土地神灵，诸如社稷、五帝、五岳、山林川泽以及四方百物等神。在曲阜孔庙的建筑群里有一处后土祠，是供奉孔庙土地神的场所，体现了古人对地祇的祭祀情况。实际上，在古代中国几乎各个村落都设有供奉土地神的场所。这反映了古人对土地神灵的普遍信仰。

曲阜孔庙后土祠（作者拍摄）

祭祀人鬼的典礼，主要是对祖先的祭祀，具体包括先王、先祖等。这些祭祀的对象构成比较复杂，包括历代帝王、先圣先师、贤臣、先农、先蚕、先火、先炊、先医、先卜等。关于先圣先师的祭祀，主要是指祭祀周公、孔子以及作为配享者的孔门弟子。中国古人重视礼乐教化，对于在伦理教化上有突出贡献者，即所谓“礼乐读书”之官，国家便将其纳入祭奠“先圣先师”的祀典。追溯其源，这类祭祀最初也许没有固定的对象。至汉代，定周公为先圣，孔子为先师。到唐太宗时期，孔子的地位进一步提升，被尊为先圣。此后，孔子在国学祭祀中一直处于独尊地位，再也没有发生变化。古时，在中国各地几乎都建有纪念孔子的文庙或孔庙。孔庙除了主祀孔子外，还祀有配享的先儒和先贤。后世通行的配享者，是儒家“四配”和孔门“十哲”。“四配”分别是指颜回、曾参、子思和孟轲，“十哲”则指颜回、闵子骞、冉伯牛、仲弓、宰予、子贡、冉有、季路、子游和子夏（颜回升为配享后，后人升颛孙师为十哲之一），他们都是孔门弟子中非常优秀的儒者。到清代，“十哲”增加有若和朱熹，成为“十二哲”。此外，在孔庙中还有一些受祭者，他们的级别低于“四配”“十二哲”，被称为先贤（仍是孔门弟子）、先儒（历代儒家杰出学者）。如今在曲阜孔庙的东西两庑共供奉着一百五十余位先贤先儒，他们都是在历史上有突出贡献和影响的人物。祭祀这些先圣先师的地点在学宫孔庙，每年春秋举行祭祀大礼。

曲阜孔庙大成殿内景（作者拍摄）

二、凶礼

凶礼，就是跟凶、丧有关的一系列礼仪。《周礼·春官宗伯·大宗伯》说：“以凶礼哀邦国之忧。”总体来说，凶礼包括荒礼和丧礼两大类，具体细分则有丧礼、荒礼、吊礼、禬礼、恤礼等五种，“以丧礼哀死亡，以荒礼哀凶札，以吊礼哀祸灾，以禬礼哀围败，以恤礼哀寇乱”。其中最重要的就是丧礼。

丧礼，是通过对死者遗体处理殓殡、祭奠悼亡等一系列礼仪，来表达对死者的尊敬。此外，死者亲人要按照亲疏服丧，这是古代最为重要的礼仪之一。《荀子·礼论》载：“礼者，谨于治生死者也。生，人之始也；死，人之终也。终始俱善，人道毕矣。”《论语·学而》载：“慎终，追远。”这些记载都强调生命临终礼仪的重要性。我国古代对丧葬礼仪一向十分重视，认为这是子孙尽孝的最重要的表现。国君和贵族在这方面的要求更严格，形成了许多繁文缛节，诸如服丧的级别、服丧的时间、服丧的样式、举哀的程序、殡葬的规格等，历来都有严格而琐细的规定。

在古代，不同身份的人去世都有不同的用语。《礼记·曲礼下》记载：“天子死曰崩，诸侯曰薨，大夫曰卒，士曰不禄，庶人曰死。”对去世的父、母、妻分别称为考、妣、嫔。这些与其身份地位相合的不同称呼，都是为了体现出等级的差别。传统的丧葬礼仪程序可以分为三个部分：一为丧礼，即死者临终直到下葬之前的一系列仪式；二为葬礼，即下葬过程中的各种仪式；三为祭礼，是指下葬之后所举行的一些祭祀仪式。

古时候，死者从临终到下葬的整个过程都有特定的用语。人在病危将逝之际，家人要为其更换床铺位置，这叫“易箦”。《礼记·檀弓上》中记载曾子去世前，他要求给自己换竹席。他的学生考虑到曾子病情严重，希望等天亮后再换。曾子坚持“礼”的要求，说：“吾何求哉？吾得正而毙焉，斯已矣。”[1]曾子坚持换席，即使是即将去世，也按照礼的规范来要求自己，希望去世前的仪式合于正礼。换席后曾子就去世了。在“易箦”之后，死者家属会将新棉絮置于将逝者鼻前，察其是否断气，叫“属纩”。人去世后

1 / 杨天宇:《礼记译注》，上海古籍出版社2004年版。

由专门的人拿着死者的衣服，到屋顶上向北呼喊死者的名字，为其招魂，这称为“复”。招魂时所使用的衣服叫“寿衣”。“招魂”后家属会为死者沐浴，然后在死者口中放入米或者玉器，即“饭含”。人去世之后，其亲属或子孙要择吉时把逝世的消息告诉亲友和村人，称为“报丧”。获知消息的亲友要上门哀悼，这叫“吊唁”。吊唁要送礼金和挽联之类的物品。

然后是入殓，分为小殓和大殓。小殓是指给死者穿上寿衣、为其沐浴和理发等，一般是在死者死后的次日早晨；大殓则是将死者遗体装入棺内的仪式。小殓之后会停一段时间再大殓，这段时间叫作“殡”。大殓后，是等待下葬。不同等级身份的人，殡的时间和下葬前的等待时间也不尽相同。《礼记·王制》曰:“天子七日而殡，七月而葬；诸侯五日而殡，五月而葬；大夫、士、庶人三日而殡，三月而葬。”天子去世七天后才可以入棺大殓，大殓后七个月下葬。诸侯、大夫、士、庶人依次递减。殡后葬前的这段时间一般将棺材停放在宗庙（后世多停放在寺庙里做超度），同时要选择墓地和占卜落葬的吉日。

下葬那天，要举行奠仪，死者亲属随柩车到墓地。拉柩车的绳子叫作“绋”，绋数随死者地位的高低而定，执绋的人要唱挽歌，送葬行路时还要抛撒纸钱。后世有“做七”之礼，大概始于南北朝时期，与佛教有关。做七中以“五七”最为重要，然后就是百日、周年祭祀等。

死者的亲人要披麻戴孝，这叫作“服丧”，服丧者按照与死者的亲疏服不同级别的丧服。按照典籍记载，丧服分为五种，称为“五服”：斩衰、齐衰、大功、小功、缌麻。斩衰的服饰最为粗糙，也是五服中最重的，是与死者关系最近的亲属所用，一般是子女为父母所戴的孝。服斩衰的人要为死者守孝三年。相传是因为“婴儿三年不免于怀”，婴儿在刚开始的三年都要父母抱着或背着，这叫顾复之恩（顾，回头看。背着婴儿，每每需要回头看，所以谓之顾复之恩），所以要服三年之丧。守丧期间有一系列禁忌，如不能结婚生子、不能吃肉喝酒、不能理发沐浴、不能娶妻纳妾、不能夫妻同房等等。有时候，学生也为老师服这样的重服，如孔子的弟子，老师去世后就在其墓边守丧三年才离去。子贡守墓三年后，又在墓地住了三年，前后守墓共六年。为纪念此事，后人在孔子墓西侧建屋三间，立“子贡庐墓处”。

凶礼还包括其他一些跟灾难（诸如饥荒、瘟疫等）有关的礼节，称为荒礼。如 2008 年 5 月 12 日，四川汶川发生特大地震，人员伤亡惨重。中国政府专门设置哀悼日，向遇难同胞致哀。这就是面对灾难时的一种国家性的礼节，也是古代凶礼在当今社会的演变与表现。

吊礼是处理水火灾害的礼节，慰问遭遇水火灾害的不幸者。禬礼、恤礼是处理国家间事务的礼节。派出使臣筹集物资去救助遭受侵略或动乱的同盟国为“禬礼”，慰问、抚恤遭受不幸的国家称为“恤礼”。在当今社会，国家在遭遇不幸时，其他国家或组织会向这一国家援助物资或致电慰问，这也是古代凶礼在今天的体现，只是不再使用“禬礼”“恤礼”来称呼而已。

三、军礼

军礼是军事活动方面的礼节仪式，主要用于征伐、检阅、畋猎。“国之大事，在祀与戎”，军与征战相关，所以其规范也被列入礼的范围。礼乐与征伐，犹如车之两轮，缺一不可。军队的组建、管理、行动等，也都离不开上下差级及命令遵从等原则，军礼即是这些原则的体现。在我国古代，军队往往被要求按照军礼的要求，严格训练，严格管理。《周礼·春官宗伯·大宗伯》中记载，“以军礼同邦国”，要用军礼使叛逆不驯的诸侯服从、归同。其中提到的“大师之礼，用众也”，即军队征伐前的礼仪；“大均之礼，恤众也”，是天子或诸侯在分封土地、征收赋税时举行的军事检阅；“大田之礼，简众也”，即天子狩猎时检阅军队；“大役之礼，任众也”，指营造、修造土木工程时的检阅；“大封之礼，合众也”，指勘定封疆、树立界标时的活动。

杜佑在《通典》中说：“周制，天子诸侯无事，则岁行蒐苗狝狩之礼。”说明在周代就有了以“蒐苗狝狩”为主要形式的军礼。郭沫若在《蒐苗的检阅》中这样描述：“我们中国的周代，在一年四季里也都是有军事上的操练的，春天的叫着振旅，夏天的叫着拔舍，秋天的叫着治兵，冬天的叫着大阅。这些是被称为‘军礼’。”这是因四季的变化而设置的不同军礼：春季时万物生发，因此军队需整顿、操练；夏日炎热，因此军队需要拔舍息宿，进行修整；秋天，万物成熟，军队练兵；冬季，一年进入尾声，要对军队进行检阅，检查收获。这些典礼结束后一般都有大规模的畋猎与之对应，春天叫“蒐”，夏天叫“苗”，秋天叫“狝”，冬天叫“狩”，即“春蒐、夏苗、秋狝、冬狩”。《左传·隐公五年》记载:“故春蒐夏苗，秋狝冬狩，皆于农隙以讲事也。三年而治兵，入而振旅，归而饮至，以数军实。昭文章，明贵贱，辨等列，顺少长，习威仪也。”此古天子四时教民以战之法，以示勤武。春蒐、夏苗、秋狝、冬狩这四种打猎的举动，都是在农业空闲时讲习。军队每三年大演习一次，进入国都时要整顿军队，回乡后应祭祖告宗庙，国君会宴请臣下，犒赏随员，以计算俘获的东西。军礼讲求车服文采鲜明，贵贱有别，辨别等级，少长有序，这是讲习威仪。

《穀梁传·昭公八年》记载了蒐的具体细节。“秋，蒐于红。正也。因蒐狩以习用武事，礼之大者也。艾兰以为防，置旃以为辕门，以葛覆质以为槷，流旁握，御轚者不得入。车轨尘，马候蹄，揜禽旅，御者不失其驰，然后射者能中。过防弗逐，不从奔之道也。面伤不献，不成禽不献。禽虽多，天子取三十焉，其余与士众，以习射于射宫。射而中，田不得禽，则得禽；田得禽而射不中，则不得禽。是以知古之贵仁义而贱勇力也。”秋季，按照军礼的要求，要进行打猎练兵，用打猎的方式演习军事。围猎场周围一圈种有艾兰香草，出入口的地方有两辆仰起的车，车辕相向对接，以此做成辕门，门上插上红旗。为保护马蹄，门中的短木橛都用葛草包上。辕门的宽度足够车的出入。车轴头离门框四寸宽，撞上门的不得进入。车马扬起的尘土只在轨辙上，战马后蹄恰好踩着前蹄的印儿。围住众兽时，赶车人驾车须有节奏，这样射手才能射中。野兽越过了艾兰墙，人们便不再追逐。那些箭伤严重、面目全非的猎物和没长大的小兽都不可献祭。即使射的野兽很多，天子也只取三十，其余的给众人用来在射宫演习射礼。演习射礼时射中的人，即使在畋猎中没有擒到猎物，也分得禽兽；演习射礼时没射中的人，即使在畋猎中擒到了猎物，也不分禽兽。以此可知，古人不是只崇尚武力而是更倡导仁义。

军礼在历朝历代都有，随着历史发展而有所增益。清代时开创了独特的木兰秋狝的礼仪。清圣祖康熙皇帝为锻炼军队，以承德避暑山庄为中心，在蒙古草原开辟了一万多平方公里的皇家狩猎场——木兰围场。清朝前半叶，皇帝每年秋天都会率王公大臣、八旗精兵到木兰围场举行射猎以巡视习武，行围狩猎。这是清代帝王演练骑射的一种方式。《清实录》记载，康熙皇帝在位的时候总共举行了四十三次木兰秋狝，乾隆皇帝在位时举行了四十八次木兰秋狝。雍正皇帝在位期间虽然未能进行秋狝大典，但是他也不忘嘱托后人，莫忘此仪式。乾隆四十七年九月初八日，乾隆皇帝如此说：“皇考十三年之间虽未举行此典，常面谕曰：‘予之不往避暑山庄及木兰行围者，盖因日不暇给，而性好逸恶杀生，是予之过。后世子孙当遵皇考所行，习武木兰，毋忘家法。’煌煌圣训，予与和亲王及尔时军机大臣实共闻之，而今皆无其人矣。予如不言，后更无知皇考圣意者。”（《避暑山庄后序》）由此我们可知雍正皇帝是因政务繁忙、好逸恶杀才未能进行秋狝大典。行围活动，可以使八旗官兵既习骑射，又习劳苦，以保持其骁勇善战的本色、培养吃苦耐劳的精神，做到安不忘危、常备不懈。由于木兰围场设在蒙古，皇帝在行围之时在那里接见蒙古各部的王公贵族，以进一步巩固和发展满蒙关系，加强对蒙古诸部的沟通和管理，巩固北部边防。

四、宾礼

宾礼用于朝聘会同，是诸侯朝见天子向天子问安以及诸侯之间、国家之间相互拜访时的礼节仪式。《周礼·春官宗伯·大宗伯》云：“以宾礼亲邦国。”在宗法社会中，天子与诸侯之间大多有亲戚关系。为了联络感情，彼此亲附，需要有定期的礼节性会见。据《周礼》记载，宾礼就是天子、诸侯接待宾客的礼仪。“春见曰朝，夏见曰宗，秋见曰觐，冬见曰遇”，这是指六服之内的诸侯，按照季节顺序，轮流进京朝见周王；“时见曰会，殷见曰同”是指天子如果遇到大事等，不定期地会合诸侯，或者天下众诸侯国都来朝见天子；“时聘曰问，殷覜曰视”，诸侯没有朝见，会派使者无定期地慰问天子，或者诸侯的使者来看望天子。

宾礼包括朝、聘、盟、会、誓、同、遇、觐、问、视、锡命等一系列的礼仪制度。宾，就是客人，故又称宾客。古代也称他国派遣的使臣为宾客。所以宾礼实际是主人与客人、东道国与他国交往中的礼仪，使用的范围比较广泛，属于经常性的礼节仪式。

朝礼是诸侯朝见天子的礼仪。在朝见时天子会考察诸侯国，正定诸侯国的刑律，整齐诸侯们的德行，使诸侯尊崇天子。《礼记·王制》说：“天子无事与诸侯相见曰朝。考礼，正刑，一德，以尊于天子。”对于朝的时间，《礼记·王制》也有记载，“诸侯之于天子也……五年一朝”，即诸侯每五年要亲自朝见天子一次，要派使臣觐见天子四次。朝觐之礼的设置是为了明确君臣的礼节，做好君臣之间的沟通，是帝王加强皇权的需要。《周礼·秋官司寇·大行人》：“春朝诸侯而图天下之事，秋觐以比邦国之功，夏宗以陈天下之谟，冬遇以协诸侯之虑，时会以发四方之禁，殷同以施天下之政。”《孟子·梁惠王下》说：“诸侯朝于天子曰述职。述职者，述所职也。”

根据规定，诸侯必须按照规定的时间朝见天子，不按时朝见会被惩罚。《孟子·告子下》记载：“一不朝，则贬其爵；再不朝，则削其地；三不朝，则六师移之。”朝见时诸侯要携带本地特产、珠宝作为贡品献给天子，否则将被视为大不敬而得到天子及其他诸侯国的讨伐。当然，天子接受朝贡后，也会回赠诸侯。在朝见天子时，诸侯根据等级的不同，所穿服饰、手持珪形制、所在位置也有所不同。

后世历代王朝大都继承了朝礼的内核，在具体的仪式上有所增益。明朝建立后，太祖朱元璋制定了针对各藩王的朝觐礼。规定藩王不许随便活动，更不准擅自到京城来。每年一朝中，各藩王不许同时出现在京城。这种“朝”的方式，旨在防止藩王之间相互串联，结成党派，以避免日后发生争权之事。尽管如此，朱元璋去世后还是爆发了燕王朱棣为夺皇位而发动的“靖难之役”。最终朱棣将自己的侄子，经朱元璋选定的皇位继承人朱允炆（建文帝）赶下皇位，自己取而代之。[1]

诸侯亲行叫作朝，使卿大夫行叫作聘。也就是说，诸侯定期朝见天子的间隔，派卿大夫作为使者到京都慰问天子并汇报诸侯国情况叫作“聘”。帝王派人到封国，天子遣卿大夫到各诸侯国聘问；各诸侯之间派使者互通音讯以及内地政权与周边国家之间的使臣来往等也叫聘。《礼记·王制》记载聘的时间“诸侯之于天子也，比年一小聘，三年一大聘”。以卿为使者称为“大聘”，以大夫为使者称为“小聘”。郑玄《三礼目录》云：“大问曰聘。诸侯相于久无事，使卿相问之礼。”诸侯国之间有矛盾时，也采取“聘”来解决两国摩擦。战国时期，“完璧归赵”的典故，就是赵国遣使入聘秦国的故事。赵国得到了楚国的和氏璧，秦昭王要用十五座城池来换璧。赵王派蔺相如带着璧去换城。他受命出使秦国，这实际就是入聘。蔺相如到秦国献了璧，见秦王没有诚意，不肯交出城池，便机智、巧妙地与秦王周旋，设法把璧弄回，派人送回赵国，秦王的诡计终未得逞。

1 / 朱筱新：《中国古代的礼仪制度》，商务印书馆 1997 年版。

春秋以后，朝聘制度名存实亡，诸侯逐渐强大，经常不按照朝礼的规定朝见天子。《左传 · 隐公九年》记载：“宋公不王。郑伯为王左卿士，以王命讨之，伐宋。”宋殇公不去朝见周桓王，这时郑庄公正担任周桓王的卿士，于是用天子的名义讨伐他。春秋时期，齐桓公未曾朝见周王；鲁国国君朝见周天子仅三次，鲁大夫聘问仅四次。鲁是周公的后代，与王室亲近，朝贡几乎全废，其他诸侯的朝贡自然不会比鲁多一些。但是，诸侯国之间往来却非常频繁。诸侯国之间原本的聘问实际已成“朝见”，成为“霸主”的诸侯国俨然享受着“朝见”的待遇。如鲁国朝齐十一次，朝晋多达二十次。《史记 · 鲁周公世家》记载襄公四年“襄公朝晋”，“十二年，朝晋”，“二十一年，朝晋平公”。只鲁昭公一人就在三年、十二年、十五年、二十一年四次朝晋。

《礼记 · 曲礼下》中言：“相见于郤地曰会……莅牲曰盟。”按约定时间相见于两国边境叫“会”，面对神灵杀牲缔结条约叫“盟”。古代盟会要割牲歃血，主盟人手执牛耳，掘穴埋牲。故其甲骨文字形，下面像个盘盂，中间放着牛耳。

《周礼》记载了关于“盟”的内容。《春官宗伯 · 诅祝》记载：“诅祝掌盟、诅、类、造、攻、说、禬、禜之祝号。作盟、诅之载辞，以叙国之信用，以质邦国之剂信。”郑玄注：“盟诅，主于要誓，大事曰盟，小事曰诅。”《秋官司寇 · 司盟》：“司盟掌盟载之法。凡邦国有疑会同，则掌其盟约之载及其礼仪。北面诏明神。既盟则贰之。盟万民之犯命者，诅其不信者，亦如之。凡民之有约剂者，其贰在司盟。有狱讼者，则使之盟诅。凡盟诅，各以其地域之众庶共其牲，而致焉。既盟，则为司盟共祈酒脯。”也就是说，司盟掌管订立盟辞之法。凡诸侯国之间因不和谐而会同，就负责记载盟约之辞以及盟约的礼仪，面朝北宣读盟辞以报告神明。盟约订立后，就抄写副本交给六卿。盟诅民众中违犯国君教令的人，盟诅违犯誓约的人也这样做。凡民众之间订有契约券书的，副本收藏在司盟那里。如果有因契约发生诉讼的，就先让他们盟诅。凡举行盟诅，各使当事人所在地的民众供给所需的牲，并把民众召集在一起。盟诅之后，要为司盟提供祈神所需的酒脯。

“会”与“盟”经常在一起用，并不做严格区分，称“会盟”。不是所有人都能够召集诸侯会盟的，两千多年前的中原人，必须是有大事情才会召集会盟。在春秋战国时代，诸侯列国常常举行会盟，《左传·昭公三年》记载“令诸侯三岁而聘，五岁而朝，有事而会，不协而盟”，所谓霸主往往就是在会盟中确定。

《左传·僖公九年》载:“夏，会于葵丘，寻盟，且修好，礼也。”夏季，鲁僖公和宰周公、齐桓公、宋桓公、卫文公、郑文公、许僖公、曹共公在葵丘会见，重温过去的盟约，同时发展友好关系，这是合于礼的。“秋，齐侯盟诸侯于葵丘，曰:‘凡我同盟之人，既盟之后，言归于好。’”秋季，齐桓公和诸侯在葵丘会盟，说:“凡是我们一起结盟的人，盟誓之后，就恢复到过去那样友好。”周惠王想废掉太子郑，立王子带为太子。齐桓公联合七个诸侯共同缔结了共辅太子的盟约，后郑国在齐国武力逼迫下，也参加盟约。太子郑即位为周襄王后对齐桓公十分感激，派宰孔给他送了祭祀文王、武王的祭肉、弓箭和车子。齐桓公于公元前651年在葵丘会合诸侯，周王派使者宰孔参加。葵丘之会上，齐桓公代表诸侯各国宣读了共同遵守的盟约。齐桓公九合诸侯，以葵丘会盟最盛，标志着齐桓公成为中原的首位霸主。

除此之外，践土之盟也是历史上非常有名的盟。僖公二十八年（前632）五月，晋文公和郑文公在衡雍结盟。初十日，周襄王应晋文公之邀，移驾践土。周襄王设宴用甜酒招待晋文公，又允许他向自己回敬酒。周襄王命令尹氏和王子虎、内史叔兴父用策书任命晋文公为诸侯的领袖，赐给他大辂车、戎辂车以及相应的服装仪仗，红色的弓一把、红色的箭一百支，黑色的弓十把和箭一千支，黑黍加香草酿造的酒一卣，勇士三百人。晋文公辞谢三次，表示尊重周王室。晋文公接受了策书就离开成周。他从进入成周到离开，三次朝见周王。“践土之盟”后，晋文公一跃成为春秋时代第二位霸主。

比较有名的会有弭兵之会、渑池之会。宋国大夫向戌分别与晋卿赵武、楚国令尹屈建交好，就召集诸侯做弭兵休战之会。公元前546年，宋国约晋、楚两国在都城商丘（今河南省商丘）开会，调停两国间的战争。楚国在鄢陵、湛阪之战两次战败后不得不参加会盟。向戌在得到晋、楚、齐、秦许可后，告知其他小国在宋国的西门之外结盟。最终，“宋公及诸侯之大夫盟于蒙门之外”（《左传·襄公二十七年》）。与以往的会盟不同的是，以前的会盟都由国君亲自参与，这次弭兵会盟却由各国有势力的大夫参加。晋、楚、宋、鲁、卫、陈、郑、曹、许、蔡等十四国有势力的大夫参加了会议。会议约定“晋、楚之从交相见也”(《左传·昭公四年》)。各国间停止战争，奉晋、楚两国为共同霸主，平分霸权，除齐、秦外，晋、楚各自仆从国须向晋、楚同样纳贡，各国共讨破坏协议者。

《史记·廉颇蔺相如列传》言:“秦王使使者告赵王，欲与王为好，会于西河外渑池。”秦昭襄王二十八年(前279)，秦昭襄王为集中力量攻打楚国免除后顾之忧，主动与赵国交好，约赵惠文王会于渑池。蔺相如陪同赵王至渑池赴会，会上赵王被迫为秦王鼓瑟，蔺相如据理力争，使秦王不得不为赵王击缶，维护了赵国的地位。秦国群臣要求用赵国城池为秦王祝寿，蔺相如要求用秦国国都为赵王祝寿来回击。此会以蔺相如机智地保护赵王的安全和维护赵国声誉而出名。

誓，“约信曰誓”(《礼记·曲礼下》)，一般是指国与国所订立的誓约。许多“誓”是在盟会上订立完成的。《左传·昭公四年》:“周武有孟津之誓。”在周武王即位后的第九年，他为验证天下诸侯对周的认同，共结讨伐殷商的联盟，大会诸侯于孟津，据说有八百诸侯参加，并举行了观兵仪式。周武王举行了誓师仪式，是为“泰誓”，又称“孟津之誓”。此外，武王伐纣时在牧野决战前的誓词称为“牧誓”。《史记·周本纪》记载了其大致过程。二月甲子日的黎明，武王一早就来到商郊牧野，举行誓师。武王左手拿着黄色大斧，右手拿着有旄牛尾做装饰的白色旗帜，用来指挥。他向将士们发表了演说：“我的友邦的国君们，司徒、司马、司空、亚旅、师氏各位卿大夫们，千夫长、百夫长各位将领们，还有庸人、蜀人、羌人、髳人、微人、纑人、彭人、濮人，高举你们的戈，排齐你们的盾，竖起你们的矛，让我们来发誓！”武王说：“古人有句老话：‘母鸡不报晓。母鸡报晓，就会使家毁败。’如今殷王纣只听妇人之言，废弃祭祀祖先的事，放弃国家大政，抛开亲族兄弟不予任用，却纠合四方罪恶多端的逃犯，抬高他们，尊重他们，信任他们，使用他们，让他们欺压百姓，在商为非作歹。现在我姬发恭敬地执行上天的惩罚。今天我们作战，每前进六步、七步，就停下来齐整队伍，大家一定要努力呀！刺击过四五次、六七次，就停下来齐整队伍，努力吧，各位将士！希望大家威风勇武，像猛虎，像熊罴，像豺狼，像蛟龙。在商都郊外，不要阻止前来投降的殷纣士兵，要让他们帮助我们西方诸侯，一定要努力呀，各位将士！你们谁要是不努力，你们自身就将遭杀戮！”誓师完毕，在牧野摆开了阵势。

“诸侯未及期相见曰遇”（《礼记·曲礼下》），杜预《春秋释例》如此解释：“遇者，仓卒简仪，若道路相逢遇者耳。”即事出仓促，不能按照两国国君相见的礼节布置妥当，只好一切从简，就仿佛在路上遇到一样。《公羊传·隐公四年》载：“夏，公及宋公遇于清；遇者何？不期也。”对此事《左传·隐公四年》也进行了记载：“公与宋公为会，将寻宿之盟。未及期，卫人来告乱。夏，公及宋公遇于清。”宋殇公即位后，与鲁隐公相约会晤，以重温“宿”之盟的誓词，巩固两国联盟关系。由于还没有到约定的会晤时间，就传来了卫国政变的消息，他们就在卫国的城邑清进行了紧急会晤。因此称这次会见为“遇”。

《左传·哀公十三年》记载:“公会晋侯及吴子于黄池。”吴国在成为东南一霸后，北上中原与诸国争霸。公元前482年，吴王夫差率军沿水路北上，会晋定公于黄池，欲争中原霸主之位。赵鞅（亦称赵孟）陪同晋定公出面。

二十世纪三十年代在河南辉县附近出土了一对赵孟壶，其上刻有铭文。铭文中就以“遇”记录了黄池会晤的历史。铭文有十九字:“禺（遇）邗王于黄池，为赵孟庎（介），邗王之惖（赐）金，台（以）为祠器。”

五、嘉礼

嘉礼是指饮宴婚冠、节庆活动方面的礼节仪式。嘉，美、善的意思。嘉礼是和合人际关系，沟通、联络感情的礼仪。后世的帝王登基、太后垂帘、帝王圣诞、立储册封、帝王巡狩等，也属嘉礼。其主要内容有六:“一曰饮食，二曰婚冠，三曰宾射，四曰飨燕，五曰脤膰，六曰庆贺。”嘉礼的用意在亲和万民，其中饮食礼用以敦睦宗族兄弟，婚冠礼用以对男女成年、结婚表示祝贺，宾射礼用以亲近故旧朋友，飨燕礼用以亲近四方宾客，脤膰礼用以亲兄弟之国，庆贺之礼则用在国有福善之事时。以下以冠礼、婚礼为例，略做介绍。

（一）冠、笄礼

古代中国人成长至一定的年龄，会在氏族长辈的主持下，进行一项人生中重要的成年仪式，男性的成年礼称为冠礼，女子的成年礼称为笄礼。《礼记·乐记》云：“昏姻冠笄，所以别男女也。”举行过冠、笄礼的男女青年，便被社会看作是成年人，开始享有各种成人的权利和活动，可以嫁娶，可以参加各种宗族活动。冠、笄礼是古代中国人一生中一个非常重要的礼仪活动。《礼记·冠义》云：“冠者，礼之始也。”可见在古人眼中，冠礼是礼的开始，实行冠礼之后，才可以履行各种礼的活动，其重要性不言而喻。

一般认为男子行冠礼的年龄是二十岁。根据《礼记·冠义》的记载，冠礼的仪式颇为郑重严肃，古人重视礼的心态也在冠礼中得以充分体现。行冠礼之前，通过占卜确定出吉日和时辰，甚至参加冠礼的宾客也要通过卜筮确定出来。举行冠礼的场所选在宗庙，位置是“阼”，即大堂前东面的台阶，寓意父子相传。典礼请的宾客要为冠者加冠三次，三次的帽子形制不同，一次比一次高。然后长辈会为冠者取字，这是成人的重要标志。加冠者举行完冠礼取字后，别人会称他的字，一般不再随便地直呼其名，否则是一种很失礼的行为。加冠之后，加冠者要去拜见母亲和兄弟，他的母亲和兄弟要向加冠者行成人礼，这表示以后要以成人看待。

举行过冠礼的人，以后社会就会以成人礼要求他。

一般认为，冠礼起源于周代。后世许多的史籍都有周天子、诸侯行冠礼的记载。如《左传·成公二年》记载："彭名御戎，蔡景公为左，许灵公为右。二君弱，皆强冠之。"《国语·晋语六》记载："赵文子冠。"《史记·秦本纪》记载："（惠文君）三年，王冠。"对于帝王而言，冠礼具有特殊的意义，因为只有举行加冠仪式之后，天子的继承人才能亲政。周武王去世之后，年幼的成王继承武王之位，但一直由周公摄政直至其成年才亲政。史书记载，嬴政十三岁即秦王位，但也是直到二十二岁，"冠，带剑"，方才亲政。可见冠礼在帝王之家有着重要的仪式作用。

汉代时也极为重视冠礼，并附加了冠礼的政治内涵。如汉惠帝行冠礼后，宣布"赦天下"，开启了帝王行冠礼而大赦天下的惯例。在帝王行冠礼之时，文臣还专门撰写文章庆贺，非常隆重。《后汉书·儒林列传》载，汉代儒生周防年少多学，十六岁时就担任了本郡的小吏。皇帝巡游汝南时，听闻他学问广博，曾召见并考察他，见他"尤能诵读"，想封他担任守丞。周防以自己未实行冠礼拒绝了皇帝的命令。可见在当时士人眼中冠礼的重要性。

到两晋南北朝时，由于政权分立，社会动荡，尤其是北方地区少数民族多次入主中原，冠礼在社会上逐渐没落。隋唐时期，四海升平，国家统一，一些士大夫开始主张恢复汉代以来实行的冠礼，制定了相关制度，但收效甚微，冠礼依然很少实行。柳宗元在《答韦中立论师道书》中说："（冠礼）数百年来，人不复行。"

据说当时有一位名叫孙昌引的人，“独发愤行之”，自己效法古人行冠礼。第二天上朝，跟他人说我举行了加冠礼。但是众臣听后没人响应，京兆尹郑叔竟然生气地说：“何预我耶？”文武大臣哄堂大笑。可见，在隋唐时期，即使连士大夫大都已不了解冠礼了。

宋代，佛教和道教对中国的影响越来越大，一些士大夫主张通过在全社会复兴古礼仪，弘扬儒家文化传统的方式，来应对佛道二教的强烈冲击。司马光曾表示，冠礼废除时间太久了，导致现在的人变得人情轻薄，长大后不知道成人之道，不知父子、君臣之礼，造成了一系列的社会问题。为此他结合古籍，专门制定了冠礼的仪式。二程、朱熹等也积极主张恢复冠礼，并制定了相关的仪节。冠礼在宋时隐然有复兴之象。

明朝建立后，统治者开始着手恢复被蒙元破坏的华夏礼仪制度，冠礼迎来了第二次复兴。明洪武元年，上至帝王、百官，下及平民百姓，都有了相对应的冠礼的仪文。总的来看，明代冠礼比较盛行。

清军入关，推行剃发易服政策，使华夏衣冠礼仪文化再度遭受了空前严重的破坏，不仅仅是衣冠，连发饰也遭到毁灭，冠礼进入了自南北朝以来第二次长时间的沉沦期。经过清廷“扬州十日”“嘉定三屠”等强制措施，汉人逐渐放弃了自己原先的衣冠制度，从此告别了延续几千年的加冠礼仪，冠礼逐渐消失在历史长河之中。近代西风东渐，在西化思潮冲击下，冠礼被中国人彻底遗忘，整个中国社会几乎见不到任何冠礼的痕迹了。

近年来，随着国学的复兴，不少学校和组织结合传统，推出了一些新式的“中华成人礼”仪式，引导青少年感悟传统文化。但对于具体的仪式流程和带来的社会影响，存在着一些争议。

男子二十而冠，女子十五而笄。所谓的“笄礼”，是指女子在十五岁许嫁时举行的成人礼仪，俗称“上头”“上头礼”。笄，即簪子。自周代起，规定贵族女子在订婚（许嫁）以后出嫁之前行笄礼。一般在十五岁举行，如果一直待嫁未许人，则可在年至二十时行笄礼。笄礼由女性家长主持，负责加笄的是女宾。女宾将笄者头发挽成发髻，盘在头顶，然后着髻，加笄后也要取字。

笄礼一般选择在农历三月三女儿节（上巳节）这一天举行。这是发源于两千多年前的华夏节日，但目前只在日本、韩国流传。目前，“女儿节”已经是日本五大重要节日之一。

（二）婚礼

婚礼在古时也称昏礼，其用意是使成年男女结合而恩爱相亲，所以说“以婚冠之礼，亲成男女”。《礼记·昏义》载：“昏礼者，将合二姓之好，上以事宗庙，而下以继后世也，故君子重之。是以昏礼纳采、问名、纳吉、纳征、请期，皆主人筵几于庙，而拜迎于门外，入，揖让而升，听命于庙，所以敬慎、重正昏礼也。”婚礼是继男子的冠礼或女子的笄礼之后的人生第二个具有里程碑意义的礼仪。

古人认为黄昏是吉时，所以会在黄昏行娶妻之礼，“昏礼”由此得名。我国先民大都信奉阴阳五行的宇宙观，这一观念认为男子属阳，女子属阴，黄昏是"阳往而阴来"，婚礼的一切都有着阴阳和合的含义。

在中国古代，婚礼包括纳采、问名、纳吉、纳征、请期、亲迎等六个程序与环节，后来又逐渐演变、增加了催妆、送妆、铺房等仪节。《仪礼》中对婚礼有详细规制，整套仪式合为"六礼"与"三书"（即聘书、礼书和迎亲书），合称为"三书六礼"。六礼婚制从此为华夏传统婚礼的模板流传至今，后世历朝历代的婚制多数是在此基础上变化而来。

在传统社会中，婚姻取决于"父母之命，媒妁之言"，因此，婚前礼的一切仪节，包括从择偶至筹备正式婚礼的各个环节，几乎都由父母包办，真正的婚姻当事人反而被排除在外。古代男子的社会地位比女子尊贵，因此求婚也多以男方为主动。男方家长想为儿子娶亲时，先请媒使向女家提亲（称"下达"），如果女家接受了这门亲事，就开始进行纳采、问名等一系列仪节。

纳采是男方向女方正式求婚的第一步，主要是男方请媒人向女方赠送礼物的礼节。在双方约定进行"纳采"礼的这一天，男家派出的媒使手捧一只活雁作为贽见礼物。[1] 女家主人得到通报后亲自出大门迎接。宾主互作揖让之后，媒使再次向女

1 / 最初用活雁作为贽礼，即取雁为候鸟，秋南飞而春北归，来去有时，从无失信，以此来作为男女双方信守不渝的象征；又取雁飞成行、止成列，以明嫁娶必须长幼有序，不能逾越的意思。后来也有用羔羊、白鹅、合欢、胶漆等作为贽礼的。

主人表达前来行纳采礼节的意思。主人答礼，收下活雁并谦让一番。媒使见婚事得到女方家长的正式应允，就告辞回去复命。

问名即向女家主人询问女子的名字、生辰，是在纳彩的同一天紧接纳彩之后行的礼。《仪礼·士昏礼》:“宾执雁，请问名；主人许，宾入，授。”郑玄注:“问名者，将归卜其吉凶。”古人婚配讲究八字相配，以求得婚姻的幸福美满。

纳吉就是男方问名后，男方回去占卜娶该女子是否吉利，如果吉利男方就遣媒人去女方家告知，并送礼表示要订婚的礼仪。古时，纳吉时媒人去女方家也要行奠雁礼，手捧活雁前去。

纳征，即男方向女方送聘礼，所纳之礼是最重的，至于聘礼具体多少，取决于男女方的家庭贫富与身份。现代社会在订婚时男方往往会送彩礼，这是古代纳征礼俗在今天的表现。《礼记正义·昏义》孔颖达疏:“纳征者，纳聘财也。征，成也。先纳聘财而后昏成。”经过纳征这一程序后，双方的联姻关系就算基本确定了。

请期，俗称送日头或称提日，即由男方家通过占卜择定结婚的好日子，用红笺书写男女庚帖（请期礼书），由媒人去女家报告，为表示男方的谦虚和不敢擅自决定，报告时一般由媒人代表男方向女方请示婚期，女方一再推辞后，媒人再将男方确定的婚期告知女方。

亲迎就是指新郎亲往女家迎娶新娘的仪式。通常是男家将婚期通知女家后，到成婚日，由新郎亲自到女家迎接新娘；也有的由男家派遣迎亲队伍迎娶，新郎在家等候。

《吕氏春秋·审应览·应言》记载了对入门后新妇的仪态要求：“人有新取妇者，妇至，宜安矜烟视媚行。”认为新妇应该安稳持重，微视慢行，否则就是失仪态。

《礼记·郊特牲》记载古代婚礼有不举乐、不祝贺的习俗。“昏礼不用乐，幽阴之义也。乐，阳气也。昏礼不贺，人之序也”，仅仅是“青布幔为屋，在门内外，谓之青庐，于此交拜”。黄昏中，新郎身穿爵弁服，随从一律着黑，迎亲的马车也漆成黑色。无鼓乐，无亲友祝贺。

周朝至北宋与后世不同的一个婚俗是妇女都不忌讳再嫁。据《礼记·檀弓下》记载，孔子的儿子伯鱼死后，“其妻嫁于卫”。又载：“子思之母死于卫，赴于子思。子思哭于庙。门人至曰：‘庶氏之母死，何为哭于孔氏之庙乎？’子思曰：‘吾过矣！吾过矣！’遂哭于他室。”可见，圣人后代的子妇也不免于再嫁。而魏晋、唐宋时名门之女再嫁之事，也屡见不鲜。

《三国志·吴书·步夫人传》中记载：“（步夫人）生二女，长曰鲁班，字大虎，前配周瑜子循，后配全琮；少曰鲁育，字小虎，前配朱据，后配刘纂。”可见步夫人的两个女儿都有改嫁的经历。尚秉和《历代社会风俗事物考》引《随园随笔》谓：“唐时公主再嫁者二十三，三嫁者四。”并且，当时不论是前夫见到后夫或后夫见到前夫，均不用回避。

宋代诗人陆游与前妻唐琬的“钗头凤”的典故，就能体现出当时的婚姻状况。陆游在年轻时和他青梅竹马的表妹结为连理，婚后将家传的钗头凤作为信物送给了唐琬。两人婚后情投意合，整天沉浸于婚后恩爱快乐的生活中。陆游的母亲担心他因此耽误了读书与科举，多次把唐琬遣送回娘家。但陆游一直没有间断和唐琬私下的约会。母亲大怒，逼迫陆游把唐琬休掉。在亲情和爱情只能二选一的情况下，陆游被迫与唐琬离婚。后来陆游考取了功名，在母亲的安排下另娶了女子王氏，唐琬也另嫁他人。十年后，陆游游沈园，巧遇唐琬及其后夫赵士程，唐、赵还以酒菜盛情招待陆游。陆游面对此情此景，百感交集，当场在墙上写了一阙《钗头凤》词：

红酥手，黄縢酒，满城春色宫墙柳。东风恶，欢情薄。一怀愁绪，几年离索。错、错、错。

春如旧，人空瘦，泪痕红浥鲛绡透。桃花落，闲池阁。山盟虽在，锦书难托。莫、莫、莫！

词中陆游的心情跃然纸上。这次会见之后不久，唐琬就病死了。四十年后，陆游再回沈园，发现了当年唐琬给他的回词：

世情薄，人情恶，雨送黄昏花易落。晓风干，泪痕残。欲笺心事，独语斜阑。难，难，难！

人成各，今非昨，病魂常似秋千索。角声寒，夜阑珊。怕人寻问，咽泪装欢。瞒，瞒，瞒！

两个人这种深挚无告、凄然而又令人慕然的爱情，成为千古绝唱。可见，唐宋时妇女改嫁还是很正常的事情。直到明清时期，随着宋明理学被官方推崇，妇女改嫁才开始被礼教所不容，因此有了守节、贞节牌坊之说。甚至到民国初年，这一观念仍然影响颇深。北京《中华新报》曾刊登一则新闻：有一女子唐氏十九岁，许配张家，还未嫁过门，未婚夫就死了。为了做烈女，唐氏选择自杀殉夫，历尽了喝符灰水、吞金、上吊、投河及三次绝食，最后服用砒霜结束了年轻的生命。在他们看来，此女子的行为是符合礼教关于婚姻道德的要求的。

第三章

古代日常生活中的礼

从周代“制礼作乐”始，就有所谓“礼经三百，威仪三千”之说，从礼法、礼教、礼乐、礼义、礼节、礼貌、礼拜到礼器、礼服、礼物等，无一不与礼有关，并影响到生活的各个方面。人们透过各方面蕴含的礼仪来表达或庄重、或肃穆、或喜悦、或悲伤的感情，体现人的外在精神。我们可以从以下几个日常生活中常见的礼，来体会礼在中国文化的重要影响。

一、服饰与礼

服饰着装往往能展现出一个民族的精神风貌与民族特点。在母系氏族公社时期，出现了原始农业，先民开始栽培农作物。经过长期的劳动实践，原始手工业产生，人们发明了用纺轮捻线，用简单的织布机织麻布，用骨针缝制衣服，用竹、苇编织席子。物质生活的丰富，使得人们开始注重精神生活。根据史籍的记载，在伏羲、黄帝、尧舜时代，就已经有一套冠服制度了。《易传·系辞下》记载:“黄帝尧舜垂衣裳而天下治。”周朝实行封邦建国,以严密的等级制度来巩固国家,制定了一套详尽周密的礼仪制度来与之配套。

衣冠是人们容貌姿态的重要组成部分,古人穿着衣装讲究“正”“洁”,即冠正、衣洁。凡已行冠礼的男子,即成年男子,出门若不带冠或戴冠不正,都被视为无礼之貌。唐太宗曾提到,“以铜为镜,可以正衣冠”,以此保持自己的礼貌。如是当众免冠(摘去帽子),则用以表示请罪、谢罪。《礼记·缁衣》记载孔子的话:“长民者,衣服不贰,从容有常,以齐其民,则民德壹。《诗》云:‘彼都人士,狐裘黄黄,其容不改,出言有章,行归于周,万民所望。’”用现在的话说就是,领导民众的人,衣服要固定不变,言行举止从容有规律,以此为百姓树立榜样,那么百姓的道德才会齐一。《诗经》上说:“那位来自西都镐京的君子,狐皮袍子罩黄衫,他的仪容不改常规,他的谈吐出口成章。他将回到周都,深为万民瞻望。”《物原》记载:“周公始制天子衣冕,四时各以其色。”《周礼》记载了不同的衣服、不同身份的人的衣服都设有不同的官职负责。如“内司服掌王后之六服”、“追师掌王后之首服”、“缝人掌王宫之缝线之事。以役女御,以缝王及后之衣服。丧,缝棺饰焉,衣翣柳之材”。穿鞋也有专门官职负责,“屦人掌王及后之服屦”。还有专门负责染丝帛的“染人”,“凡染,春暴练,夏纁玄,秋染夏,冬献功。掌凡染事”。

人们所处的场合不同,所穿的衣服也不同。在参加婚礼、冠礼时，要穿着吉服；上朝时要穿朝服；在丧事礼仪期间要穿丧服等等。周代天子吉服有九种，冕服六种，弁服三种。《周礼·春官宗伯·司服》中记载由司服掌管天子行吉礼或凶礼时所穿的衣服，辨别这些衣服的名称和种类以及所适用的礼节。天子穿吉服的情况具体如下：祭祀昊天上帝、五帝，穿大裘而戴冕（即裘冕）；祭祀先王，则穿衮冕；祭祀先公，举行飨礼、射礼，穿鷩服而戴冕；祭祀四方名山大川和一般的山川，穿毳服而戴冕；祭祀社稷和五行之神，穿希（黹）服而戴冕；祭祀各种小神，穿玄服而戴冕；凡军事，穿韦服而戴韦弁；处理朝政，穿白布衣裳而戴皮弁；凡田猎，穿缁衣白裳而戴玄冠。此外，在丧事期间要戴丧冠、穿丧服。参加吊唁的事时，戴爵弁加环绖，穿吊服。服丧时，为天王服斩衰丧，为王后服齐衰丧；王为三公、六卿服丧穿锡衰，为诸侯服丧穿缌衰，为大夫、士服丧穿疑衰，头上戴的都是爵弁加环绖。发生大瘟疫、大饥荒、大灾害，君臣都穿戴白色的衣帽。公的服装，从衮冕以下如同王的服装；侯、伯的服装，从鷩冕以下如同公的服装；子、男的服装，从毳冕以下如同侯、伯的服装；孤的服装，从希冕以下如同子、男的服装；卿大夫的服装，从玄冕以下如同孤的服装，他们的丧服还要加上大功服和小功服；士的服装，从皮弁服以下如同大夫的服装，他们的丧服还要加上大功服、小功服以及缌麻服，他们斋戒的服装有玄端和素端。天子亲自参加祭祀或招待来朝诸侯，司服负责提供所需的礼服并奉送到天子那里。有大丧时，司服提供招魂、大敛、小敛、奠祭死者所用的衣服以及用于陈列的明衣，掌管所有这些衣服陈列的次序。王后的衣服也因场合有所变化，如宋代皇后受册封、朝会时穿袆衣；亲蚕穿鞠衣；日常生活中则穿常服。

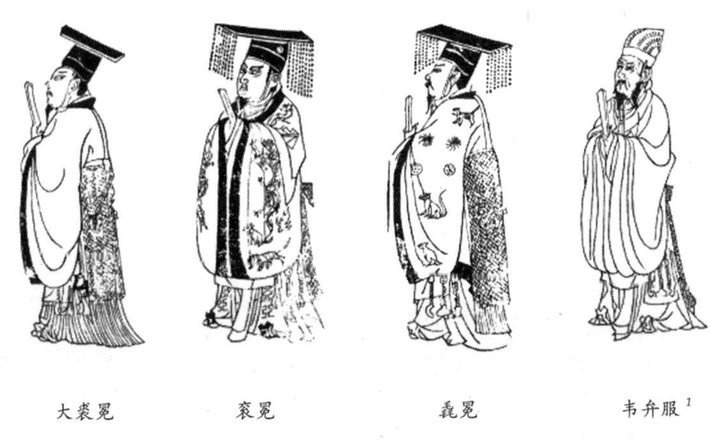

大裘冕　衮冕　毳冕　韦弁服[1]

孔颖达在《春秋左传注疏》中说："中国有礼仪之大，故称夏；有服章之美，谓之华。""章"指的便是礼服上的花纹，绘绣着章纹的礼服称为"章服"。《尚书·虞书·益稷》记载了古天子的冕服十二章："予欲观古人之象，日、月、星辰、山、龙、华虫，作会；宗彝、藻、火、粉米、黼、黻，絺绣，以五采彰施于五色，作服。"舜帝对禹说，他想显示古人衣服上的图像，用日、月、星辰、山、龙、华虫（雉）六种图形绘在上衣上；用虎、水草、火、白米、黑白相间的斧形花纹、黑青相

1 /（宋）聂崇义编纂，丁鼎点校、解说：《新定三礼图》，清华大学出版社 2006 年版。

间的“己”字花纹绣在下裳上。用五种颜料做成五种色彩不同的衣服。周代将日、月、星三辰图案画在旌旗上，原来十二章变为九章。在周天子九种吉服中，裘冕黑色没有纹彩，无章。衮冕九章：将龙、山、华虫、火、宗彝绘在上衣，藻、粉米、黼、黻绣在下裳。鷩冕七章，上衣绘有华虫、火、宗彝，下裳绣有藻、粉米、黼、黻。毳冕五章，上衣绘有宗彝、藻、粉米，下裳绣有黼、黻。絺冕三章，上衣刺有粉米，下裳绣有黼、黻。

即使同一场合，不同身份和地位的人衣服的颜色、图案、质地都不同。周朝时，周天子和诸侯以华衮大裘为服，卿大夫以高等裘皮为服，士阶层以下一般以布衣、低等裘皮和短衣紧身袴为服。儒生以青衫为服，士兵身着铠甲。周代礼制对贵族车马服饰颜色的使用也有明确的规定，赤色、玄色被视为贵色。祭祀、婚仪、冠礼等庄重场合通常穿用黑色衣料制作的礼服。配饰方面也是有严格的规定，《礼记·玉藻》中载：“君子无故，玉不去身。君子于玉，比德焉。天子佩白玉而玄组绶。公侯佩山玄玉而朱组绶。大夫佩水苍玉而纯组绶。世子佩瑜玉而綦组绶。士佩瓀玟而缊组绶。”《礼记·曲礼上》对为人子穿衣也有要求：“为人子者，父母存，冠衣不纯素。孤子当室，冠衣不纯采。”即父母在世，做子女的帽子和衣服不能镶白边。孤子主持家事，帽子和衣服不能镶彩边。

在丧事礼仪期间，衣着主要是由服丧者与逝者血缘关系的亲疏决定的。根据血缘关系由亲至疏分为五种不同的丧服：斩衰、齐衰、大功、小功、缌麻。斩衰，是五服中最重的丧服，用最粗的生麻布制作而成，麻布裁断的地方外露不修饰。以下情况服斩衰之服：子为父、诸侯为天子、臣为君、父为长子、被过继者为过继者、妻为夫、妾为夫、未嫁之女为父、嫁返之女为父、公士大夫之众臣为其君、承重孙为祖，斩衰之服期限一般为三年。齐衰，是仅次于斩衰的丧服，用粗疏的麻布制成，上衣和裤子分别制作，衣服边缘部分用针线缝合整齐。大功，由粗熟麻布制作。小功，由稍粗熟麻布制成。缌麻，用较细熟麻布制成，是五服中最轻的丧服。在凶礼期间，有关服饰的规定还有许多，如《礼记·杂记》记载，为死者招魂所用的衣服，卿的嫡妻用所褒赐的白纱里子的鞠衣，下大夫的妻用袒衣，其余如同为士妻招魂所用的衣。招魂，诸侯先用天子所褒赐的衣，然后用冕服和爵弁服。为诸侯夫人招魂用税衣和揄狄，税衣和揄狄都用白纱做里子。此外，礼制对占卜时穿的衣服也有要求，为大夫占卜葬地和下葬日期，占卜的官吏身穿白布深衣，胸前缀上粗布衰，腰系布带，脚穿丧鞋，头戴不加绥饰的缁布冠。占卜者身穿皮弁服。如果占卜葬地，负责占筮的史官就头戴练冠、身穿深衣而筮。占者就穿朝服。

各等级必须按照礼制规定来穿衣，百姓及庶人不得随意模仿其他等级。春秋时，齐国齐景公的宰相晏婴，穿着洗过多次的旧衣服去上朝，这种行为虽然节俭，但不合乎于礼。齐国的宰相管仲使用刻有花纹的食具，冠冕上配以天子才用的红色系带，住宅上有刻着山岳的斗拱、画着水藻的梁上短柱，孔子认为他的这种行为太过分，超出了大夫之礼，故看不起他。《汉书·高帝纪》载汉高祖八年令“贾人毋得衣锦、绣、绮”，由此可见汉代商人尽管有钱，但地位仍然很低。

服饰是礼仪的外在，礼仪是服饰的内涵。通过服饰及其礼仪可以表达人的情感。出现“奇装异服”等不合服饰礼仪的现象则预示反常的事情要发生。如春秋时期，晋献公宠爱骊姬，骊姬为使自己亲生儿子奚齐能继承君位就诬陷太子申生，说太子要谋杀其父献公。献公轻信骊姬，决心让申生带军出征皋落狄，并赐给申生金玦和偏衣（左右颜色不同的阴阳装）。申生府里的书童从这奇怪的服饰中觉察出反常，认为派世子申生出征，国君却赐给奇怪的衣服，颜色不同的衣服象征不一致，缺口的金玉玦暗示冷淡和离心，从穿着的偏衣和玦推断出献公有杀子之心。狐突认为，衣服是身份的标志，配饰是内心的表达。如果献公重视就会在适宜的春夏时节发布征讨命令，赐予申生颜色纯正单一的衣服，佩戴的饰物也会合乎规矩；而在四季将尽的冬季发令就是故意使事情不顺，偏衣表示疏远，金表示寒冷，玦表示决绝，杂色表示冷漠，冬天表示肃杀。由此得出，申生不会有很好的结果。书童和狐突都是透过献公赐给申生的服饰，推出献公对申生的情感和态度。服饰可以表达人的情感，塑造人的形象，突出人的角色。

战国赵武灵王时期，赵国国势衰落，一些游牧部落和邻界小国经常来侵扰。赵武灵王在作战中发现匈奴骑兵的冲击力以及攻击性都极强。赵国迫切需要建立一支骑兵来抵御北方匈奴，而中原人的衣服烦琐、臃肿，根本就不适合骑兵作战，所以服装的改革是紧迫之事。赵武灵王在邯郸城提出“着胡服”“习骑射”的主张，决心取胡人之长补中原之短，下令全国实行胡服。开始国人都无法接受，一些大臣也称病不朝来抗议，反对者中以赵武灵王的叔父公子成最为激烈。

赵武灵王先是穿着胡人的短衣窄袖服装上朝，又派专人去告诉他的叔父公子成，请他穿窄袖交领右衽的服装。使臣遭到拒绝后，武灵王便亲自去说服公子成。赵武灵王对公子成说：“衣服是为了方便穿的，礼制是为了方便做事的。因此圣贤之人观察当地的习俗然后制定与之相适应的措施，根据具体的情况来制定礼法，这样做既有利于民众，也有益于国家。披发、文身、两臂交错站立、衣襟向左掩，这是瓯越人的习俗。染黑牙齿、在额头文画、用鲇鱼皮制帽子、用长针缝制衣服，这是吴国的风俗。礼制和服饰虽然不同，但为了便利这一目的却是一致的。因此，地方不同，用具就不一样，情况不同，礼制也就有所改变。因此，圣贤的君主并不强制统一他们的器物用度，只要有利于百姓就好。如果可以方便行事，完全可以有不同的礼制。“师从同一老师的儒生，传下来的礼法也各不相同；中原地区在相同的风俗下都有不同的政教，偏僻山区不更应该考虑便宜行事吗？所以说对风俗礼制的取舍，即使聪明人也无法统一；不同地区的服饰，即使圣贤君主也难统一。少见之人多怪异，寡闻之人喜争辩。不熟悉的事情不轻易怀疑，不非议和自己不同的意见，这才是追求真理的态度。您说的是风俗，我说的则是如何改变旧俗。现在，我国东面边境和齐国、中山国共同拥有黄河、漳水，却没有守御战船可用。北面从常山到代郡、上党郡与燕国和东胡接壤，西面与楼烦、秦国、韩国紧紧相邻，却没有骑兵部队可防守。所以我准备制造战船，招募习于水战的居民，让他们来防守黄河、漳水；改穿胡服，练习骑马射箭，防守与燕国、东胡、楼烦、秦国、韩国相邻的边境。从前简子不把自己限于晋阳和上党两个地方，襄子兼并了戎族和代郡，以抵御胡人。这些道理愚笨之人和聪明之人都明白。过去，中山国依仗齐国强大军队的支持，侵犯掠夺我国的土地，掳掠囚禁我国的人民，引水围灌鄗城，假若不是祖宗神灵的保佑，鄗城几乎被攻破。先王对这事非常气愤，直到今天，他们的仇怨还没有报。现在我们推行'胡服骑射'的政策，从近处说，可以扼守上党这样形势险要的地方；从远处说，可以报中山国侵略的仇恨。可王叔您偏偏要因袭中原的旧俗，违背简子和襄子的遗愿，憎恶改变服式的做法，却忘记了国家曾遭受的耻辱，这决不是我期望您做的啊！”公子成听了之后最终被说服，赵武灵王趁机赐给他一套胡服，这样公子成也穿窄袖交领右衽的服装上朝。

据《战国策·赵策二·武灵王平昼闲居章》记载，赵文和赵造也对改穿胡服之事进行劝谏，表达了自己的意见。赵文进言说：“适应时势，顺从当地民俗，这是自古以来的法则；衣服形式有一定的常规，这是礼法的制度；遵守法纪，不犯错误，这是老百姓应有的职责，这三个方面，都是古代圣贤的教导。现在大王您放弃这些，改穿远方胡人的衣服，改变古代的教化，改变古代的礼制，所以我希望大王慎重地考虑。”

武灵王说：“你所说的只是世俗的看法。普通民众被束于世俗之中，书呆子容易沉迷书本。这两种人，他们能谨守职责、遵守法令，却不能谋长远的事业，进行开拓创新。而且夏、商、周三个朝代虽然服装不同却能统一天下，春秋五霸政教各异却能治理好国家。聪明人制定法令，愚蠢的人被法令制约；贤能的人议论习俗，愚笨的人却拘泥于旧俗。因此没有必要和那些受世俗礼法制约的人交流思想；没有必要向那些拘泥于旧俗的人说明意图。习俗随时势而变，而礼法也与时俱进，这才是圣人治国的根本原则。接到国家的政令就马上行动，遵守法制而抛弃个人私念，这才是老百姓的天职。聪明好学的人能听从意见而改变观点，真正通晓礼法的人能跟着时代变迁。因此为自己着想的人不会兼顾他人，要改变时势就不能完全效法古代，您就放心吧！”

赵造也劝谏说：“我听说过，圣贤之人不去变更习俗就能教化民众，聪明的人不变习俗能治理国家。顺应民意进行教化，事半功倍；根据不同的习俗治理国家，考虑问题简捷方便，做起来容易见到效果。现在您不遵循习俗，不顾世人的议论改穿胡服，这不是按照礼仪法则教化民众的方式。而且穿着奇装异服的人心志不正，习俗怪异容易出乱民，所以做国君的人不应接受奇装异服。中原地区的人学习蛮夷的生活方式，这不是用礼法教化百姓的途径。况且遵循古法不会出错，遵循旧礼就不会生出邪念。我希望大王慎重考虑。”

武灵王说：“古今不同俗，效法哪一个时代的呢？帝王的礼法也不是世代相承的，我们要遵循谁的礼法呢？伏羲和神农，对民众只是进行教化而不杀戮；黄帝、尧、舜，虽有死刑，但不株连。夏、商、周三代圣王，观察形势来建立法制，根据情况来制定礼俗。法度、政令都因时制宜，衣服器用都方便使用。所以治理国家不一定要走同一条路，只要对国家有利，不一定要效法古代。圣人不是因为承袭旧制才统治天下的，夏朝和殷朝不是因为改变礼法而灭亡的。因此不袭古法不一定就错，因循守旧也不一定值得称赞。如果奇装异服使人心术不正的话，那遵守礼法的邹国和鲁国就不应该有行为怪僻的人了；如果习俗怪僻就会使民众变坏的话，那么吴、越地区就不应该出现俊彦之才。所以圣人把便于穿着的叫衣服，把方便行事的叫教化。行为举止的礼节、服饰之规定是教化百姓的，而不是用来衡量贤明与否的。因此，圣明的人能适应任何习俗，有才能的人能与时偕行。有句谚语说：‘按照书本来驾车的人，就不能充分发挥马的实际能力；采用古法来治理当今的国家，就不能符合当今社会的实际。’所以，墨守成规不可能有大的功业，效法古人就不能够管理好现在的国家。您还是不要反对吧。”

赵武灵王就如何看待礼法与反对者做了辩论，提出礼法的目的只是利国利民。他认为古代圣人“因事制礼”，礼法都是特定历史条件的产物，没有亘古不变的礼法。礼法的作用也是有条件的，因而也是有限的。“乡异而用变，事异而礼易”，礼法需要与时俱进。通过对形势的分析，他指出改变礼俗的迫切性。经过他几番滔滔雄辩，分析事实，为反对派讲道理，胡服才渐渐为大家所接受。后来，他又命大家学习骑马射箭，建立了强大的骑兵队伍。这次服装开路、强国为本的胡服骑射改革，收服了邻国，扩大了土地，使赵国国力由此大增。

中国历朝历代建国初都根据前朝礼仪、舆服制度制定本朝相应的制度。到了元朝，据《元史·舆服志》记载：“元初立国，庶事草创，冠服车舆，并从旧俗。”元初车马服饰制度依然沿用宋式，后来元英宗时才制定了相关制度。元时行四等人制，因而在服饰上有服色等第的差别。蒙古人及怯薛军等特权阶层除不许服龙凤纹外，服饰颜色基本没有限制。庶人及色目人服饰颜色、帽、靴的规定基本相同。汉人、高丽、南人地位最低，服饰等禁止规定也最多。元代出现了专用于大宴的“质孙服”，《元史·舆服志》载：“质孙，汉言一色服也，内庭大宴则服之。冬夏之服不同，然无定制。凡勋戚大臣近侍，赐则服之。下至于乐工卫士，皆有其服。精粗之制，上下之别，虽不同，总谓之质孙云。”质孙服一般由皇帝所赐，在大宴之时穿，颜色与皇帝衣服颜色相同，质地款式不同。天子质孙服，冬之服有十一种，夏之服有十五种；百官的质孙服，冬之服有九种，夏之服有十四种。

明初明太祖朱元璋根据汉族的传统，“上承周汉，下取唐宋”，重新制定了服饰制度。洪武元年（1368），明太祖因五冕制太过烦琐，并未采用，只规定了“祭天地、宗庙，服衮冕。社稷等祀，服通天冠，绛纱袍。余不用”。同时制公服、朝服，服色尚赤。洪武十六年（1383），制定了衮冕之制，当时拟定内容主要有皇帝冕服、常服，后妃礼服、常服，文武官员朝服、公服、常服及士庶阶层的巾服等等。洪武二十六年（1393），重新制定了衮冕十二章，将原定的冠服制度做了大规模的调整，明代文武官员的朝服、公服、常服等许多主要礼服制度便是这次确定的。官员之冠，一品至九品，以冠上梁数为差，公冠八梁；侯、伯及一品，冠七梁；二品，六梁；三品，五梁；四品，四梁；五品，三梁；六品、七品，二梁；八品、九品，一梁。洪武二十四年（1391）规定了各级官员服饰花纹，公、侯、驸马、伯的衣服绣麒麟、白泽。文官一品仙鹤，二品锦鸡，三品孔雀，四品云雁，五品白鹇，六品鹭鸶，七品鸂鶒，八品黄鹂，九品鹌鹑；杂职练鹊；风宪官獬豸。武官一品、二品狮子，三品、四品虎豹，五品熊罴，六品、七品彪，八品犀牛，九品海马。

到了清代，服饰依然是等级、文化的鲜明的外在表达。满清入关，三令五申不许遵从前朝制度。清朝入关后，为了保护满族的统治地位，就必须在禁止本民族汉化的同时，通过强制手段要求汉民族移风易俗，剃发易服。

汉服是世界上历史最古老的民族服饰之一，从传说中的黄帝一直延续到清军入关（1644）。汉族服饰基本特征是交领、右衽、系带、无扣，汉人成年之后就不可剃发，男女都把头发绾成发髻盘在头顶。然而，满族衣冠传统却不同。清代满族成年男子把前颅头发全部剃去，只留颅顶后头发，编结成辫，留的发辫要比小拇指还细，能穿过铜钱中的方孔才算合格，垂于脑后，主要是便于山林中骑射。现在清宫戏里面的阴阳头和猪尾辫其实是直到清朝末年才逐渐出现的。关外满族人服饰以长袍马褂为主，满服的特点是广襟、马蹄袖、前后开衩等。

为了改变汉族传统衣冠发式，清廷统治者强迫汉族人遵从满族衣冠服饰，推行“留头不留发，留发不留头”的政策，并进行了残酷血腥的屠戮，清洗了大量的潜在抵抗人员。通过强制的剃发易服，清朝确立了自己的服饰礼制，中国的服饰传统也产生了巨大的变化。

清朝以马上得天下，服饰也体现了这种特点。臣子穿上衣服整个如同一匹马：袖子是马蹄袖，跪下，双手伏地，如同一匹马状；朝珠就是马缰绳；补子就是马鞍。

清代官服在褂子的前胸和后背各缀一块布称为“补子”，补子上绣以飞禽走兽，以表示官职的差别和道德含义。清代继承了明代用补子的特点，文官用禽，武官用兽，形制上根据其服饰特点稍做改动。明代补子织在大襟袍上，所以补子前后都是整块。清代服饰是对襟的，所以补子前片都在中间剖开，成两个半块。补服花纹根据身份也各有不同。对此《清史稿·舆服志二》有记载：文一品朝冠，上衔红宝石。补服前后绣鹤，都御史绣獬豸。武一品补服，前后绣麒麟，余皆如文一品。文二品朝冠，上衔镂花珊瑚。吉服冠顶亦用镂花珊瑚。补服前后绣锦鸡。武二品补服，前后绣狮。文三品朝冠，上衔蓝宝石。吉服冠顶亦用蓝宝石。补服前后绣孔雀，唯副都御史及按察使前后绣獬豸。武三品补服前后绣豹。唯朝服无貂缘及无端罩。一等侍卫戴孔雀翎。端罩猞猁狲，间以貂皮，月白缎里。文四品朝冠，上衔青金石。吉服冠顶亦用青金石。补服前后绣雁，唯道绣獬豸。蟒袍通绣四爪八蟒。武四品补服，前后绣虎。二等侍卫戴孔雀翎。端罩红豹皮为之，素红缎里。朝服冬、夏均剪绒缘，色用石青，通身云缎，前后方襕行蟒各一，腰帷行蟒四，中有襞积。文五品朝冠，上衔水晶石。吉服冠顶亦用水晶。补服前后绣白鹇，唯给事中、御史绣獬豸。朝服色用石青，片金缘，通身云缎，前后方襕行蟒各一，中有襞积。领、袖俱用石青妆缎。武五品补服，前后绣熊。余皆如文五品。唯无朝珠。三等侍卫戴孔雀翎。端罩黄狐皮为之，月白缎里。朝服冬、夏俱剪绒缘。文六品朝冠，上衔砗磲。吉服冠顶亦用砗磲。补服前后绣鹭鸶，唯无朝珠。五品官以下，唯京堂、翰詹、科道得用貂裘、朝珠。六品官以下，唯太常寺、鸿胪寺、光禄寺、国子监所属官，坛庙执事、殿庭侍仪得用朝珠。武六品补服，前后绣彪。蓝翎侍卫朝冠顶饰小蓝宝石一，上衔砗磲，戴蓝翎。端罩、朝服、朝珠均同三等侍卫。文七品朝冠，上衔素金。吉服冠顶亦用素金。补服前后绣鸂鶒。蟒袍通绣四爪五蟒。武七品补服，前后绣犀牛。文八品朝冠，金顶无饰。吉服冠同。补服前后绣鹌鹑。朝服色用石青云缎，无蟒。领、袖冬、夏皆青倭缎，中有襞积。

武八品补服如武七品。文九品朝冠，金顶。吉服冠同。补服前后绣练雀。武九品补服，前后绣海马。子爵补服前后绣麒麟。男爵补服前后绣狮。未入流冠服制如文九品。除补子之外，顶戴、花翎也有严格的等级和差异。以上种种，都是通过服饰来标明人们的社会等级，成为人们角色和身份的标志。

中国古代的服饰，除了御寒外，还体现了人的外在，表达人的情感，同时标识了人的等级地位。《礼记·少仪》曰："衣服在躬而不知其名为罔。"衣服穿在身上而不知所穿衣服的含义，就是无知。人们通过穿在身上的服饰将礼仪由外在被动型变为人们积极主动的内在要求，将礼制要求融入人的日常生活，并在千百年的演变中打上了民族文化的烙印，成为中华民族心理认同的标识，对人们的服饰文化及心理产生了深刻的影响。

二、饮食与礼

饮食与礼有着非常密切的关系，有学者认为，礼起源于饮食行为。《礼记·礼运》中说："夫礼之初，始诸饮食，其燔黍捭豚，污尊而抔饮，蒉桴而土鼓，犹若可以致其敬于鬼神。"这就是说，礼，最初产生于人们向鬼神敬献饮食活动。中国先民把黍米放在火上烧熟，把猪放在火上烤熟，在地上挖个坑蓄水，用双手捧着喝，抟土做鼓槌，用土做鼓来敲，用这种简单的仪式向鬼神表示敬意，从而得到神的庇护和赐福。这样，最原始的祭礼也就由此产生了。

古代的饮食礼仪，主要有进食礼仪和饮酒礼仪。饮酒礼仪，是最为普遍的饮食礼仪。“周代的饮酒礼包括正献、旅酬和无算爵三个步骤。正献又分为献、酢、酬三步。所谓献即主人敬宾之酒；酢为宾报主人之酒；酬为主人先饮以敬宾之酒。这三个步骤进行一遍又叫一献。饮酒礼的第二步为旅酬或称旅，即主人使相（贤宾之次）安宾、宾酬主人、主人酬介、介劝众宾酒、众宾按长幼尊卑互相敬酒，同时排定席次。旅酬的范围包括所有参加礼仪活动的人。旅的特点是以尊酬卑、少长以齿，最终至负责浇水供主人和宾客洗手的人，在这一过程中所有人都受惠。饮酒礼的第三步为无算爵，即‘爵行无数’同时‘乐行无数’，意为无限制的饮酒，一醉方休，无限制的奏乐，尽兴而止。”[1]饮酒礼仪，又分为飨礼、燕礼和乡饮酒礼三种。在飨礼、燕礼和乡饮酒礼中，都要举行一献之礼。飨礼是高一等贵族款待低一级贵族来见时的宴会。周制“上公之礼……飨礼九献”“诸侯之礼……飨礼七献”“诸子（男）……飨礼五献”（《周礼·秋官司寇·大行人》），天子诸侯之间一般用九献之礼。春秋时期的晋文公重耳成为晋侯前在外流浪，到楚国时，楚成王因自己也曾流亡随国，打算以诸侯之礼接待这位晋国的落难公子。斗子文不解，楚成王说：“齐桓公赠马二十乘，嫁宗女齐姜；宋襄公用诸侯礼仪迎接，规格都是大举动，本王要超过他们。本王要隆重地接待姬重耳，让中原

1 / 聂惠哲:《周代贵族饮食与贵族政治》，山东大学2001年硕士学位论文。

诸国看看。霸主齐侯，还有那自视仁义的宋公，远不如我楚王之心胸。”见面之后，楚成王发现重耳不卑不亢，谈吐不凡，认为重耳他日一定会大有作为，于是决定用九献之礼来接待这位靠各国诸侯接济度日的流亡公子。

燕礼是古代天子诸侯与群臣宴饮之礼，以此来明君臣之义。《礼记·射义》:“古者诸侯之射也，必先行燕礼；卿大夫、士之射也，必先行乡饮酒礼。故燕礼者，所以明君臣之义也；乡饮酒之礼者，所以明长幼之序也。”《仪礼·燕礼》记述了诸侯宴饮的礼节仪式。对宴饮的设备、君臣的席位安排、宾主之间的礼节做了详细的规定，如登堂、下堂的方向，酒、酒爵的种类，如何敬酒，如何表示感谢，歌何种歌，奏何种乐，如何射箭等等。还对参加宴饮之人的身份、地位、位次、酒食做了明确规定。《礼记》有《燕义》一篇记述燕礼的相关内容。燕礼也指古代敬老之礼，《礼记·王制》:“凡养老，有虞氏以燕礼，夏后氏以飨礼，殷人以食礼，周人修而兼用之。”

乡饮酒礼，是乡大夫礼，是地方官礼。其包含的尊贤序齿之义是王道教化的根本。《礼记·乡饮酒义》载:“孔子曰:‘吾观于乡，而知王道之易易也。’”乡饮酒礼一般分四类：第一，乡中每三年举行一次大选，选举一名贤者献给天子或诸侯，献贤之前乡大夫在乡学中为其举行的盛大饮酒礼。第二，乡大夫用宾礼款待国中贤者的宴饮。第三，州长在春、秋召集乡民习射之前的宴饮。第四，每年蜡祭召集乡人开会的宴饮。《孔子圣迹图》中“观蜡论俗”即是孔子就蜡祭中欢乐盛况与子贡展开讨论的情景。子贡观蜡祭归来，孔子问是否快乐，子贡说人们都在狂欢，但不明白这种现象。孔子说，百日辛勤劳作，换来一日快乐，这不是你所能知道的。紧张而不放松，文王、武王也做不到，放松而不紧张，文王、武王都不那样做，只有有时紧张，有时放松，这才是文王、武王治理天下的道理。乡饮酒礼中不同年龄的坐立有别，座次分明，豆的数量有异，以此来使人们明尊长、知养老，达到了序长幼、别贵贱的效果，成就孝弟、尊贤、敬长养老的道德风尚。

乡饮酒礼的具体仪程规定也十分详细，处处体现其敬老尊长的原则。座次安排上也严格遵照阴阳五行方位与长幼、尊卑关系进行；各种物品陈设更是有着明确的规定。例如在与长者饮酒时，《礼记·曲礼上》中记载道:“侍饮于长者，酒进则起，拜受于尊所。长者辞，少者反席而饮。长者举未釂，少者不敢饮。长者赐，少者、贱者不敢辞。”陪伴长者饮酒时，看见长者将给自己斟酒，要赶快起立，走到放酒樽的地方行拜礼并接受酒。长者回应推辞后，少者回到自己的席位准备喝酒。长者尚未举杯饮尽，少者不敢饮。长者有所赐，做晚辈的、做僮仆的不得辞让不受，通过这些规定表达对长者的恭敬。在乡饮酒礼中主人必须处在东方，宾必须面向南，介必须面朝东，在宾和主之间，四面之座象征四时。东方是春的方位，主人提供食物款待宾介，犹如春季产生万物。在此礼中宾象征天，主人象征地，介（辅宾者）、僎（辅主人者）象征日月，三月为一季，故礼又谦让三次。古代制定礼，以天地为经，以日月为纲，是政教的根本。

进食礼仪主要是指人们的就餐礼仪。就餐者单独就餐时有较强的个体性。《礼记·曲礼上》对群体就餐规定有较为详细的记载，如："凡进食之礼，左殽，右胾，食居人之左，羹居人之右。脍炙处外，醯酱处内，葱渫处末，酒、浆处右。以脯、脩置者，左朐右末。"记载了关于进食过程中各种食物摆放的位置。凡陈设便餐，带骨的肉放在左边，纯肉块放在右边，饭放在客人的左手边，羹汤放在客人的右边；细切的肉和烤熟的肉放在外侧，离人远些；醋和肉酱放在里面，离人近些；蒸葱放在醋和肉酱之左，酒和浆放在羹汤之右。如果还要摆设干肉，则弯曲的部分朝左而放置在最右边。

《礼记·曲礼上》对宾主礼仪也有记述："客若降等，执食兴，辞。主人兴，辞于客，然后客坐。主人延客祭。祭食，祭所先进，殽之序，遍祭之。三饭，主人延客食胾，然后辩殽。主人未辩，客不虚口。侍食于长者，主人亲馈，则拜而食；主人不亲馈，则不拜而食。"即如果客人的身份较主人卑下，就应端着饭碗起立，对主人陪自己就餐推辞，并表示下堂用饭。这时主人就要起身对此表示推辞，然后客人才就座。主人引导客人行食前祭礼。祭饭食的时候，主人先摆上哪一种就先祭哪一种。然后逐一祭之，祭个遍。客人吃过三口饭后，主人要引导客人吃肉块，然后请客人遍尝各种食物。如果主人尚未吃完，客人不饮酒洁口。陪着长者吃饭，如果主人亲自布菜，要拜谢之后再吃；主人不亲自布菜，就不必拜谢而就食。

至于在群体饮食中的个人饮食礼仪也有明确要求："共食不饱，共饭不泽手。""毋抟饭，毋放饭，毋流歠，毋咤食，毋啮骨，毋反鱼肉，毋投与狗骨，毋固获，毋扬饭。饭黍毋以箸。毋嚃羹，毋絮羹，毋刺齿，毋歠醢。客絮羹，主人辞不能亨。客歠醢，主人辞以窭。濡肉齿决，干肉不齿决。毋嘬炙。"与人共用食器吃饭，不要求吃饱，还要注意（手的卫生）不要搓揉手。不要用手抟饭团，已经抓出来的饭不要再放回食器中。不要大口喝汤，以免满口汁液外流，不要吃得啧啧作响，不要咬嚼骨头，以免弄出声响。已经拿起的鱼肉不要再放回，不要把骨头扔给狗，以免显得不端庄不尊敬。不要专挑好吃的一样吃，不要为了让饭快点变凉簸扬饭，吃黍米饭不要用筷子，不要不嚼羹汤中的菜，不要擅自给羹汤调味。客人如果调羹汤，主人就要为不会烹调致歉。不要当众剔牙，不要喝肉酱。客人如果喝肉酱，主人就要为备办的食物不够吃道歉。湿软的肉可以用牙齿咬断，干硬的肉不可以用牙齿咬断，须用手撕开来吃。吃烤肉不要一口吃一大块。用餐结束时，客人要从席前跪起，撤除饭和酱，交给在旁服务的人。这时主人要连忙起身，对客人亲撤饭菜加以推辞，然后客人再坐下。

此外，与国君就餐也有专门的规定。若在国君面前接受所赐水果，吃完有核的要把核藏在怀里，不可吐到地上。伺候国君吃饭时，国君赐以剩余之食，若是可以洗涤的食器，则就原器取食，不必倒入另外的器皿；若是不可以洗涤的食器，就要倒入另外的器皿再吃。切勿弄脏了国君的食器。

在食用同样食物时，不同身份礼仪要求也不一样。从天子到士，礼仪要求越来越低。如为天子削瓜，削皮后把瓜切成四瓣再从中横断，然后用细葛布盖上。为国君削瓜，削皮后把瓜切成两段再从中横断，然后用粗葛布盖上。为大夫削瓜，削皮后把瓜切成两段再从中横断，不盖任何东西。为士削瓜，只切掉瓜蒂，再横切一刀。庶人只切除瓜蒂之后就捧着整个瓜吃。

中国古人在饮食方面的礼仪，主要是适用于以天子为中心的贵族，有严格的尊卑等级，与平民百姓的关系相对较少。不同的饮食礼仪能体现一个人的身份和教养素质，通过饮食礼仪来提高道德修养和饮食水平，并借此形成尊卑有序、尊老敬贤的社会风气。

三、行为举止

人无论在社会交往还是家庭生活中，都要十分注重行为举止的文明。行为举止是指一个人在特定场合的各种活动中较稳定的礼仪行为，主要包括站、坐、行走的姿势，手势表情等。“礼貌”是对人们行为举止的基本要求，所谓“礼貌”，就是对人要恭敬有礼。“貌”是指相貌、样子，彬彬有礼的样子才称得上是“礼貌”。要做到礼貌，除了衣冠、仪表等容貌姿态外，便是礼节。

众所周知，在英国言行举止得体是一个人成为绅士的重要标志，而中国古代对行为举止早就有相关记载和要求了。坐、立、行走、躺卧等日常生活中的小事，在中国古代也极受人们的重视。古人从卫生、保健的角度，提出坐立行卧正确、科学的姿势，“坐如钟，立如松，行如风，卧如弓”，把它作为社会交往的礼节和社会公德。

走亲访友，常要进入他人居室。由于古人的生活习俗与今天大不相同，所以礼节也不一样。如“入席”的概念，古今的差异很大。古人居室虽有几、案、榻等家具，但在椅子没有出现之前，人们通常是“席地而坐”。室内的地上铺有草编的席，室内的活动就在上面进行，特别是坐和卧，都离不开席。“筵”也是一种坐具，用竹编织而成，铺在“席”的下面，“凡敷席之法，初在地者一重，即谓之筵，重在上者即谓之席”(《周礼注疏·春官宗伯·司几筵》)。筵、席合用，其实是说地上铺的两层席，只不过后来专指酒席而言了。席是坐具，当然不能踩脏，所以古人是不穿着鞋在席上行走的，进屋之前必须先脱去鞋子，然后才能入室上席，也就是“入席”。春秋时期，楚国军队在邲大败晋军后，楚庄王称霸中原，不可一世。他派申舟为使臣，入聘于齐。从楚国到齐国，中间要经过宋国，按照礼仪制度的规定，“过邦假道”(《仪礼·聘礼》)，过他国境土必须要“借路”，可是楚庄王却让申舟不要向宋国提出“假道”的请求，径直过境。这种不守礼法的做法立刻引起宋人的不满和愤恨。申舟途经宋境，被宋人截住，认为这是对宋国的挑衅和侮辱，而将申舟处死。消息传到楚国，庄王勃然大怒，甩袖而起，竟没有穿鞋便走了出去。侍从见状忙提着庄王的鞋追赶，直到前庭才追上他。可见楚庄王“入席”之前，也是要脱掉鞋的。古人不仅“入席”不穿鞋，连袜子也不能穿，只能跣足。春秋时，有一次卫侯（卫国国君）与大夫们饮酒，褚师声子只脱去了鞋，却没有脱袜，就进入席中。卫侯一见，大怒。褚师声子连忙解释，说自己患有脚病，不便脱袜，否则您见到了会恶心呕吐的。卫侯依然十分生气，大夫们都纷纷解释劝说，卫侯仍认为这是绝对不能允许的。直到褚师声子无奈，退席出外，卫侯还叉手骂道“必断其足”。入室跣足在古代一直被认为是对主人极有礼貌的一种举动，随着椅子等家具的出现，人们才逐渐改变了这一礼节。所以,《礼记·曲礼上》中有这样的规定:“侍坐于长者，屦不上于堂。”

古人入席之后，对“坐”的姿势也十分讲究，即跪地，两膝着地，臀部落在脚跟上。若两膝着地，臀不沾脚跟，身体挺直，则为跪。如跪而挺身、挺腰，又称为跽（长跪）。如果变坐为跽或变跪为跽，则含有起身告辞之意。但如果“箕踞”而坐，则是一种轻视对方、傲慢无礼的举动。所谓箕踞，是指坐时臀部着地，两腿前伸，身体形似畚箕。战国后期，刺客荆轲受燕国太子丹之托，行刺秦王。图穷匕首见，却未刺中秦王。在身负重伤的情况下，荆轲知道此事已不可能成功，他靠着柱子大笑，“箕踞以骂”。正是以这种坐相表示对秦王的鄙视。在一般的场合下，尤其是朝廷、官府中，人们很注意坐的姿势与周围环境协调一致，即所谓

"坐有坐相"。如处于庄重严肃的环境下，则正襟危坐；如是比较随和的场所，人们坐的时候，身体可稍稍向后坐；在宴饮时，则尽量把身体往前挪，以利进食。

《礼记·曲礼上》中关于坐的记载就分好几种情况。与老师同坐时，"先生书策琴瑟在前，坐而迁之，戒勿越。虚坐尽后，食坐尽前。坐必安，执尔颜。长者不及，毋儳言。正尔容，听必恭。毋剿说，毋雷同，必则古昔，称先王。侍坐于先生，先生问焉，终则对。请业则起，请益则起。父召无诺，先生召无诺，唯而起。侍坐于所尊，敬毋余席。见同等不起。烛至，起。食至，起。上客，起。烛不见跋"。意为遇到老师的书策、琴瑟，弟子要跪着绕过去，不可从上面跨过去。非饮食时间坐的时候尽量靠席后面坐，饮食时尽量靠席前面坐。坐的时候，要端庄安稳，保持仪态。在此期间，长者没有同你谈话，就不要插话。要端正仪容，恭敬聆听。不要抄袭别人的学说主张，要效法古代的正道。在老师跟前陪坐，老师提问，要等老师把话说完了再回答。向老师请教问题要起立，如果没听懂，请老师再讲一次也要起立。老师及父亲召唤要答应并立即起身行动，而不要只答应不行动。陪坐尊者时，要坐在席端离尊者最近的地方以示恭敬。陪坐时，见到与自己同辈的人进来可不用起立。吃饭时，有人送饭进来要起立。有尊贵的客人到来要起立。

《礼记·少仪》还有侍坐于君子、长者等的礼仪："君子欠伸，运笏，泽剑首，还屦，问日之蚤莫，虽请退可也。"在君子身边陪坐时，若君子打哈欠，拿手杖，穿鞋，看天色早晚，你就可以请求退出了。谈话间如果君子转移话题问其他事情，应站起来回答。若君子身边有人报告事情不便说时，应该退到一边去等待。不要偷听别人讲话，答话时不要高声喊叫，目光不要左瞟右看飘忽不定，不要怠惰放纵没有约束，行走时不要傲慢不逊，站立时身体要正而不要偏斜，坐时不要伸开两条腿，睡觉不要伏着身子，头发要束好，不要像假发一样下垂，帽子不要随便脱下，劳动时不要袒胸露臂，炎热时不要撩起衣服。此外，在长者身旁陪坐时，鞋子不能穿上堂，不能把鞋子脱在正当台阶的地方。穿鞋时，要跪着拿取鞋，退到一边去穿。为长者穿鞋的话要面向长者，先跪着把鞋拿过来，再俯身为长者穿上。遇到两个人在一起站着或者坐着，不能从他们中间插身。

此外，男女之间行为举止也有要求。男女不可混杂而坐，不共用晾衣架、面巾、梳子、篦子等物品，不亲手递给对方东西，小叔子和嫂子不互相问候，即“男女授受不亲”。男人在外面的事不说给家中的妇女，家中妇女们的事也不可烦扰男人。女子许嫁后就要系缨，没有突发事件或者大变故，男子就不能进她的闺门。姑姑、姐妹、女儿已经出嫁回到家里，兄弟们不与她们同席而坐，也不与她们共用餐具。男女之间没有媒人从中提亲，就不打听对方的情况。女家没有接受男家的聘礼，双方不交往相亲。因此，前人把娶妻的日期报告给国君，并经斋戒后报告给家庙中的祖先，还要置办酒食宴请地方上的同事和朋友，都是为了慎重男女之别。

娶妻还要注意不娶同姓之女，如果买妾不知道她的姓氏，就要通过占卜来检测吉凶。

除以上关于坐立、男女的礼仪要求外，《礼记》中还有一些对行为具体的要求。如“登城不指，城上不呼”，登城不要用手指画，以免恐惑人。在城上不要呼叫，以免恐骇人；“将上堂，声必扬”，将要上堂，应先发出声音示意让堂上之人知晓，以免失礼。孟子休妻的故事中，孟子就是上堂时未发声，才看到妻子踞坐的情形。“不窥密，不旁狎，不道旧故，不戏色”，即要求做人要正派、大方。不窥探别人的秘密，不和不正派的人亲近，不翻别人的老底，不嬉皮笑脸。“不疑在躬，不度民械，不愿于大家，不訾重器。”自身言行不可犹疑不定，不考虑别人家有多少钱物，不羡慕大富之家，不考虑别人家有多少贵重的器物。“大夫、士出入君门，由阒右，不践阈”，大夫、士出入国君的朝门，应从门阒的右侧过，出入不能踩到门槛。

古人极重视行礼，但行礼也有一个尺度，即在不同的场合中，面对不同的人，施以不同的礼，以恰如其分地表达恭敬、谦逊之情，否则也会被视为无礼。在见面的礼节中，古时规定有各种用于交际的拜礼和揖礼。按《周礼·春官宗伯·大祝》记载，拜礼有九种，“一曰稽首，二曰顿首，三曰空首，四曰振动，五曰吉拜，六曰凶拜，七曰奇拜，八曰褒拜，九曰肃拜”。这九种都属于拜礼，动作相对比较大。稽首是拜礼中最高的一等，使用的场合主要是官场，特别是臣下拜见帝王时，必行此礼。行稽首礼时，先拜后跪，然后双手合抱按地，头伏于手前触地，停留片刻后起身。这种礼动作很大，但相对缓慢。顿首较稽首礼轻，多用于地位相等者之间。顿，即时间短暂，它也是跪地叩首，只是头触地时间更短，“至地则举”。空首是君主对臣下的回礼，其动作与稽首、顿首差不多，但头并不接触地面，而是触及手后便起身，所以叫空首。振动，双手合击拱手，身体向前弯曲。这种礼不用跪地，动作也不大，多用于非官场及途中相遇时。吉拜是用于祭祀等活动中的跪拜礼，动作与顿首相近。凶拜为先行跪拜，起身后再行拜礼，主要用于丧葬之仪。奇拜这种拜礼有两种解释：一是先弯曲一条腿，而使另一条腿的膝盖着地，或是手持节、戟，身体依于节、戟之上行拜礼；二是将一稽首、一顿首、一拜，合在一起进行。褒拜，即再拜之意。肃拜，先跪地，但不俯身引首，只是手举而下。

古人在日常生活中除了行拜礼之外还行揖礼，以曲身表示致敬。古代的揖礼不同于今天的拱手礼，它是推手为礼。根据对象的不同，推手的位置是有区别的。《周礼·秋官司寇·司仪》云：“土揖庶姓，时揖异姓，天揖同姓。”对本家亲属以外的人行揖礼时，推手的位置偏下；对有婚姻关系的异族人行揖礼时，推手的位置适中，平推；对同族本家人行揖礼时，推手的位置稍偏高。揖礼的动作比拜礼小，在日常生活中使用的范围最广，在人们相互交往时，多用揖礼致意。拱手礼也是两手合抱，所以又称为“抱拳”，但它只合手于胸前，没有推手的动作。如果表示敬重之意，拱手时常附以躬身。如是一般性的行礼，则只抱手。

古代关于行为举止的记载虽然烦琐，但是对不同场合及不同情况下的行为举止的具体要求使人们有统一的标准可以参照，更容易养成良好行为习惯。当今，由于社会环境和条件的改变，人们可以不拘泥于某一种行为标准，古代行为标准的许多原则和内涵早已渗透到日常行为之中，日用而不知，但得体的行为举止仍是一个人的良好综合素质的体现。

四、语言称谓

《礼记·曲礼上》云:“夫礼者，自卑而尊人。”也就是人与人的交往中，自己应该表现得谦卑，对别人要尊重。这句话可谓是中国古代日常礼仪的基本原则，在语言称谓上表现得更加明显，即谦称自己，敬称对方。

礼仪在一定程度上体现了一个人的文化水准，反映了一个人的文化教养，是人们进行日常社会交际时不可或缺的必备礼仪。使用谦称来称呼自己，并不是说明自己身份卑微低下，恰恰是说话者有修养的表现。古人常用的谦称词有愚、鄙、敝、贱、拙、寒、卑、窃、仆等。这些词大都相对谦卑，含有愚笨、涉世不深、阅历较浅、无知的意思。中国古代称谓礼仪中常将这类词加到自己或者与自己有关的人或事物的称呼之前，以显示自己的谦逊。使用这些词时，当然并非自己真的无知，而是以说话者的自谦来提高对方的身份，达到“尊人”的目的。如自称为愚兄、鄙人、敝人、卑人、卑职等；发表自己的观点时，称愚意、愚见、鄙意、鄙见等；称自己的妻子为贱内、拙荆；称自己的家为寒舍；称自己的家庭成员有家父、家严、家兄、舍弟、舍妹等。

读书人或文人自谦时，使用小生、晚学、晚生、后进等词以表示自己在对方面前为晚辈，也常用不才、不肖、不佞等词来自谦自己没有才能或才识平庸。官吏一般多自谦称作下官、小官、末官、小吏等。古人坐席，尊长在上，晚辈或地位稍低者就自称在下。而有一定身份的人则自谦小可，意思是不足挂齿。老人自谦时，常使用老朽、老夫、老汉等词，以表示自己已进入暮年，衰老无用。中国古代使用的自谦词数量很大，各种社会地位和身份的人都使用这些自谦词。其中有些词语在今天我们仍在使用。

“朕”是古代中国秦朝以后皇帝的专用自称词。但在秦朝建立前，使用“朕”字并不表示至高无上的地位和显赫尊贵的身份，屈原的《离骚》中便有“帝高阳之苗裔兮，朕皇考曰伯庸”的词句，朕在此仅是一个自称词。秦始皇统一六国之后，发明了“皇帝”这一至高无上的名词，将“朕”作为皇帝自己的专用代称，来显示皇帝权势的标志。尽管如此，古代的帝王们在自称上仍不乏谦逊之词，即使是在与臣下的谈话中，也经常使用孤、寡之类的谦称。孤，又称孤家；寡，也称寡人。孤家、寡人二词都带有缺少德行之意，即指自己为少德之人。“不谷”也是帝王君主常用的一个自谦词。谷，作为一种粮食作物，用于养人，而引申为善的意思。不谷，则是喻指自己不能像谷一样，供养人们，再引申则是说自己是不高明的人或不能以德待人。[1]

根据“自卑而尊人”的称谓原则，在谦称自己的同时，古人又以敬称来称呼对方。相对于谦称用的卑微的词语，敬称中多带有敬重、敬仰、颂扬的感情色彩，通常使用一些尊贵、美好的字眼，加到别人或与别人有关的事物的称呼之前，以示尊敬。

古人常用的敬辞有尊、贵、贤、大、高、芳、令等。这些词大都高贵，含有尊贵、崇敬之意。如称对方的名字有尊姓大名、贵姓等；称对方的观点有尊意、高见等；称对方的文章或作品为大作、芳函等；称对方的家庭成员有令祖、令尊、令慈、令郎、贤弟等。

古人常把品格高尚、智慧超群的人才称为“圣”，如孔子被称为孔圣人，孟子被称为亚圣。到后来又专门用于帝王，称皇帝为圣上、圣驾，甚至与他相关的事物都被冠以“圣”字，如皇帝的谕旨又称为圣旨、圣谕。皇帝还有一个特定的称谓，即“万岁”，然而“万岁”一词原是古人饮酒庆贺及祝寿的欢呼语，带有浓厚的祝愿之意，而且不分上下贵贱均可使用。但有了皇帝以后，群臣多于朝廷中欢呼“万岁”，以示对他的祝愿，于是这个词逐渐演变为对皇帝的一种敬称，而其他人则不能再使用了。皇帝既然是“万岁”，那么皇帝所封的诸王则被人们敬称为“千岁”。在皇帝专用的敬称中，还有一个“驾”字。驾，本是指皇帝的乘舆（载

1 / 参见朱筱新:《中国古代的礼仪制度》，商务印书馆 1997 年版。

人的车）。古人认为，天子以四海为家，不以宫室为固定的居所，应该乘车巡行天下，因此“驾”字便被借用来尊称帝王，如圣驾、尊驾；就是皇帝死去，也要叫晏驾、驾崩。

在中国历史上的诸多敬称词中，陛下、殿下、阁下、麾下、足下等词是使用最为普遍的。“秦汉以来，于天子言陛下，于皇太子言殿下，将言麾下，使者言节下、毂下，二千石长史言阁下，父母言膝下，通类相言足下。”（段成式《酉阳杂俎》）陛，原指宫殿的台阶，蔡邕《独断》卷上说：“谓之陛下者，群臣与天子言，不敢指斥天子，故呼在陛下者而告之，因卑达尊之意也。”“陛下”即宫殿的台阶之下，这原本表示空间，一般站在台阶下的是君主护卫之臣。人臣向君主进言时，不敢直呼君主，而是告知君主的护卫让其传达，“呼在陛下者而告之”，后“陛下”成为臣子对君主的称呼。

“殿下”与“陛下”一样，也是因在殿堂接见群臣而得此称，但“殿下”通常用于敬称皇太子和诸王，有些朝代也用“殿下”敬称皇太后、皇后，三国两晋南北朝时期也曾一度用来称谓皇帝。“阁下”一词，是对有一定社会地位的人的一种敬称。阁是中国古代的一种建筑，有阁的人家无疑是王公贵族、达官贵人，这些权贵手下的属官、属吏便以自身之卑，反过来敬称阁中之人为“阁下”。不过“阁下”称谓的使用范围比较宽，也没有严格的限制，除去有社会地位的人之外，一般在表示对对方尊敬之意时，都可以使用这个敬称。随着历史的发展，“陛下”“阁下”两个敬称词在使用上约定俗成，逐渐规范化。凡敬称帝王君主时用“陛下”，而敬称行政长官时用“阁下”。麾，是古代用于指挥军队的旗帜，以此象征或代表主将、主帅。“麾下”，则是部下、部属对主将、主帅的一种敬称。

“足下”一词据说始于春秋时期介子推的故事。介子推是晋国的一位隐士，晋献公在位时，十分宠爱骊姬。骊姬为了能册立自己儿子奚齐为太子，设计害死已册立的太子申生，并将公子重耳、夷吾逼出宫外。重耳在外流亡十九年的时间中，他的舅父狐偃和谋士介子推等人始终陪伴着他，历尽艰辛，患难与共。介子推在危难之时“割股奉君”，在重耳饿得不行的时候割自己腿肉熬汤，献给重耳。后来在秦穆公的支持下，重耳回晋国成为晋文公。回国途中，介子推不愿像其他人一样向重耳邀功，便不辞而别。重耳回到晋国后，对随同他一起流亡在外的人一律论功封赏，却漏掉了介子推。后来晋文公知道这件事情深感愧疚，派人去请介子推，此时介子推为了表示自己的清白，携母亲一起隐居于绵山中，至死不与晋文公见面。文公为寻他出山，令人搜山，未能找到介子推。于是文公下令放火三面烧山，只留下一面以迫使他出山，不料介子推竟抱木烧死。文公知道后，赶到介子推母子藏身的地方，拍打着介子推临死前抱着的那棵树，哀叹不已。他让人伐倒这棵树，制成一双木屐，穿在自己的脚上。从此以后，文公经常低头看着自己脚上的屐，痛心地说“悲乎足下”，意在自责。“足下”一词，由此而来。最初可用于上下、同辈之间的敬称，后来一般只用于同辈之间。

中国古代语言的文明和礼貌不仅表现在社会上人际交往之中，也体现在家庭之中。子女对自己的父母、兄长，乃至其他亲属，从不直呼其名。就是在与外人的交谈中，提及父母、兄长等亲属，也使用一些含有谦恭敬重之意的称谓，这也是古代礼仪的重要内容。

称呼自己一方的亲属时，常使用家、舍、先、亡等作为敬称词。家和舍都是指自己的家庭、宅居，本身就带有谦恭、平常的感情色彩。用家、舍作称谓，使用于在世的本家亲属。在别人面前称呼比自己辈分高或年长的家人，都要冠以“家”字，如称自己的父亲为家父、家公，母亲为家母、家慈，兄、嫂为家兄、家嫂等;“舍”则用于称呼比自己辈分低或年幼的家人，如舍弟、舍妹、舍侄等。可见，“家”“舍”在使用时，是有严格的长幼之分的。“先”和“亡”都含有哀痛、怀念之意，因此，古人将这两个字用于称谓已故的家人，同样在使用时也有长幼之分。先，用于比自己辈分高或年长的已故家人，如先祖指祖父，先父、先人则同指父亲，先母、先妣同指母亲。亡，则用于辈分比自己低或年幼者，如亡友、亡弟、亡儿等。

在称呼对方亲属时，则使用令、尊、贤等敬重之称。令，有善美之意，在使用时，不受辈分、年龄的限制，可通用于对方的亲属。如称呼对方的父母时，可称作令尊、令翁、令公和令母、令堂、令慈；称对方的妻子为令妻、令正；称对方的儿子为令子、令郎，女儿为令爱、令嫒；称对方的女婿为令婿、令坦；还有令兄、令弟、令姊（姐）、令妹等。“尊”和“贤”，在用于对方亲属的称谓时，则要严格加以区别。“凡与人言，称彼祖父母、世父母、父母及长姑，皆加尊字；自叔父母以下，则加贤字。”（《颜氏家训·风操》）也就是说，“尊”字用于对方叔父以上的人，可称对方的祖父为尊祖，父亲为尊父、尊翁、尊大人、尊公、尊大君，母亲为尊堂、尊上、尊夫人；称对方叔父以下的亲属为贤叔、贤兄、贤弟、贤姊（姐）、贤妹、贤侄、贤友、贤侄、贤婿等；称对方的妻子则为贤阁、贤内助等。尊，有时也用于称呼与对方有关的事物，这与“贵”字的用法一样，同属于一种敬称，如尊姓、贵姓、尊府、贵府、贵体、贵乡等。

自古以来，人们习惯称呼妻子的父母为丈人、丈母或岳父、岳母，以及泰山、泰水，这些称谓也都是一种敬称。古时，丈、杖相通，拄杖者多为老人，于是称老人为“丈”。在泰山上有一山峰，名为丈人峰。以山峰之名代称，具有健康长寿的祝愿之意，所以唐代以后，“丈人”便用来专称妻父，妻母自然也因此被尊称为“丈母”。岳，山也，称呼岳父、岳母，与丈人、丈母同样含有祝愿之意。至于“泰山”这一敬称，除与泰山有丈人峰而得名之外，还与唐玄宗封禅泰山，宰相张说趁机将自己的女婿郑镒官升四级的典故有关。正是由于伶人黄幡绰“此乃泰山之力也”的解释，便有了以“泰山”专指妻父的说法。山为阳，水为阴，所以妻母也增添了一个新的敬称，即“泰水”（参见段成式《酉阳杂俎》卷十二)。

当然，在古代的称谓中，谦词、敬词不胜枚举，古人以此作为交往中的一种礼节，视为礼貌之举，这也是中华民族谦和待人的一种美德。不过，称谓仅仅是语言交谈中的一小部分，而在言谈话语中体现恭敬、谦逊，同样也是古人十分重视的，也被视为一种礼貌的表现。如在对方讲话时，要专心致志地“洗耳恭听”，而不能漫不经心，更不能打断别人的话题。自己讲话时，眼睛应注视对方，语调平缓，不能强词夺理，摆出一副盛气凌人的架势。在语言交谈的礼节上，乃至在谈话的艺术上，古人都曾做过具体的规定，这些都记录在《礼记·少仪》之中。如:“尊长于己逾等，不敢问其年。”即与辈分比自己高的老人交谈时，不要询问他的年龄。“请见不请退。”对于尊长者，可以请求会面;但谈话结束，不要马上请求离去，要等待尊长示意后再告辞。“侍坐弗使，不执琴瑟，不画地，手无容，不翣也。”陪同尊长者谈话时，如果没有尊长者的旨意，是不能弹奏琴、瑟的。也不能自作聪明地为尊长者出谋划策，对他指手画脚。更不能像扇扇子一样地摇手，向尊长者表示反对的意见。“不窥密，不旁狎，不道旧故，不戏色。”与别人交谈时，不能窥探人家的秘密隐私。陪同长者坐时，不要与其他人相互逗闹或亲热。谈话时，不要总絮叨以往的旧事，神情应庄重严肃。“侍坐于君子，君子欠伸，运笏，泽剑首，还屦，问日之蚤莫，虽请退可也。”陪同年长且有一定地位的人谈话时，如果他已经打呵欠，伸懒腰，或手中摆弄朝笏，摩拭剑柄，或把鞋拿到自己的身边，或询问时间的早晚，这些都是困倦或不耐烦的表示，在这种情况下，是可以请退的。

平时谈话要注意礼节，但也不是一味地阿谀奉承，不讲原则，古人即使是对待帝王君主，也十分注意以诚相待。《礼记·少仪》云:“为人臣下者，有谏而无讪，有亡而无疾，颂而无讇，谏而无骄，怠则张而相之，废则埽而更之，谓之社稷之役。”即作为君主的臣下，对君主应该当面劝谏，不要在背后讥讽、嘲笑。如果劝谏没有被君主接受，则离开他，但不能因此而心生怨恨。如果是称颂君主，也要实事求是，不可谄媚取宠。劝谏一定要出于诚心，不能傲慢轻视。君主有时出现怠惰，不能勤于朝政，在劝谏时要加以鼓励，并倾力相助；制度有所败坏，要劝说君主加以肃正和改良，这样才叫为国家效力。在这方面，唐代的魏徵不愧是一位杰出的典型，史称其“有经国之才，性又抗直，无所屈挠”（《旧唐书·魏徵传》）。

唐太宗李世民即位后，励精图治，为实现长治久安，他要求文武百官“上封事”，即提出治国的意见和建议，还用奖赏的办法，鼓励臣下直言极谏。但李世民毕竟是皇帝，虽然他一再表示对臣僚“直言忤意”，绝不“怒责”。但臣子要批评皇帝，即古人所谓的“犯龙颜”“犯龙鳞”，仍需要有一定的胆识，否则就流于形式。魏徵就是这样一位既有胆识，又不失君臣礼节的臣僚。一次，唐太宗询问魏徵:“何谓明君、暗君？”魏徵答道:“君之所以明者，兼听也；所以暗者，偏信也。”（吴兢《贞观政要·君道》）魏徵正是以“兼听则明，偏信则暗”的道理，劝说唐太宗要多听各方面的意见，而不要轻信一面之词，以使自己能正确地分辨是非。魏徵每次劝谏唐太宗，都是直言坦诚，毫不掩饰，又不唐突。他始终做到“无面从，退有后言”（《旧唐书·魏徵传》），即知无不言，言无不尽。在唐太宗即位之初的几年中，魏徵曾先后陈谏二百多件事，所言词强理直，引喻贴切，多切中时弊，而使唐太宗折服。在与唐太宗相处的十余年中，魏徵一直以直谏著称，而唐太宗对他也多是言听计从。这里当然与唐太宗的雄才大略、能虚心纳谏有直接的关系，但也不可否认魏徵恪守君臣之礼，以诚相待，以理服人的作风。正因如此，唐太宗对魏徵十分赏识。贞观十七年正月，魏徵病逝。唐太宗悲痛不已地说：“以铜为镜，可以正衣冠；以古为镜，可以知兴替；以人为镜，可以明得失。朕尝宝此三镜，以防己过。今魏徵殂逝，遂亡一镜矣。”（刘餗《隋唐嘉话》）为此他特颁布诏令，令臣僚以魏徵为楷模，做到直言无隐。由于唐太宗的贤明和励精图治以及以魏徵为代表的一批臣僚的鼎力相助，唐朝贞观年间出现了政治清明、社会安定、生产迅速恢复、经济持续发展的兴盛局面，被史家誉为“贞观之治”。

五、待客之礼

好客，是中华民族自古以来的传统习俗，是中华民族崇尚礼仪的重要表现，体现了中华民族的美德和风尚。孔子曾说："有朋自远方来，不亦乐乎。"（《论语·学而》）所谓好客，不仅仅是待客之时的言行举止要有礼貌，更为重要的是要使宾客有归属感，不会感到局促不安。我国先人在人际交往中，逐渐形成了热情、坦诚、友好、融洽的待客之道。

古人十分重视人际间的相互交往。迎来送往，是表现好客的一种礼节。《礼记·曲礼上》云："礼尚往来：往而不来，非礼也；来而不往，亦非礼也。"这句话可谓是我国古代待客之礼的基本宗旨。也就是说，人与人之间的来往也要有礼节。既有来访，必要回访，来与往是一个完整的环节，做到这些才称得上有礼节。

从主人迎接宾朋好友的到来、中间的会客，到最终送他们离去，其间始终处在一种热情友好的气氛之中。《礼记·曲礼上》篇比较详尽地描述了这一过程。在见面时为表示重视，主人会在门外亲自迎接宾客，在门外相互施礼，互致问候。入门时有"拾级聚足"的礼节。此时主人引领客人登台阶，进入堂屋。入门时，主人与宾客相互行礼，然后主人先进门，意思是为宾客做向导，不至于使宾客因为不熟悉环境而出现不安的情绪。但是主人在入门之前必须先谦让一下客人，表示对其尊敬，宾客一再谦让后，主宾先后进。《礼记·曲礼上》称："主人与客让登，主人先登，客从之，拾级聚足，连步以上。"即主人前足先登上一级，后足再与之并齐。而后再登上一级，再并足。这样登台阶的目的，是照顾客人，使他能跟上主人，而不使客人感到冷落与紧张。

待登上台阶，将要进堂屋时，古时又有两种礼节：一是“将上堂，声必扬”，即说话的声音要适当提高一些，以使堂屋内的人知道客人已到。二是“将入户，视必下”，这是客人应遵守的礼节，即在进入堂屋时，眼睛应往下看。因为主人家虽知道客人到来，恐还有未及收拾的东西。这样做，可以避免给主人造成难堪和尴尬。

进入堂屋后，主人与客人便入席而坐。在座次的安排上，古人颇有讲究。按照礼制的规定，如在室内会客，则以面朝东的座位为尊；若于堂中会客，又以面朝南的座位为尊，来客当然要被请于尊位落座。对于座次的重视不仅表现了主人对客人的尊敬，也说明尊座是全部席位的核心，坐在这个位置上的人便自然成为其他人敬仰的人物。在日常生活中，把宾客安排在尊位上，表示了主人的敬意。古时，一席坐四人，但如果人多，需二人以上同坐于一侧时，则以席端为尊者之位。如独自一人，则坐于席位之中，尊者一般多为独坐。因此年幼或位卑者“坐不中席”，即不能坐于席的中间位置。

著名的历史掌故鸿门宴中就涉及了宴会的座次。秦朝灭亡以后，爆发了项羽与刘邦之间的“楚汉战争”。当时项羽拥兵四十万，号称百万；刘邦仅有兵士十万，号称二十万。双方悬殊的实力，使刘邦不得不采取缓兵之计，在张良、樊哙的陪同下，亲自赴鸿门，向项羽请罪。项羽为此设宴款待刘邦一行。在座次上，项羽做了精心的安排：刘邦的座位被安排在南侧面北，而项羽和其叔父项伯则坐于西侧面东。项羽自认为是西楚霸王，位尊于刘邦才这样安排的。一般在室内的座次尊卑顺序为东向（面朝东）、南向、北向、西向；而堂内的座次尊卑顺序为南向、西向、东向、北向。因此帝王于殿堂之上，坐北朝南，意为凌驾于群臣、庶民之上。

在中国历史上，统治者已有普遍的共识，他们认为，以武打天下，以文治天下。反映在文武百官上朝，就有了“文左武右”的礼制规定。即文官侍立于帝王的左侧，武将侍立于帝王的右侧，也就是文东武西。政权建立后，下马治天下，自然以“文治”为重，于是就出现了朝廷上文官位于武将之上的排次。这一礼制的规定，也反应在古代城市的建设布局上。如北京的地名崇文门和宣武门，在明清时是有建筑牌楼的。两个“门”相较于天安门，崇文门在左，宣武门在右。

宾朋好友来访，欢聚一堂，主人家不免要设宴款待。虽然是宴饮，古人仍以礼节为重。首先在制作菜肴时，讲究精细和卫生。“牛与羊、鱼之腥，聂而切之为脍。麋、鹿为菹，野豕为轩，皆聂而不切。麕为辟鸡，兔为宛脾，皆聂而切之。切葱若薤，实之醯以柔之。”（《礼记·少仪》）即将牛、羊、鱼等腥膻的生肉，先切成薄片再细切；麋鹿肉切成片，野猪肉切成片，但都是切成薄片，不再加以细切；獐肉要切成肉丝，兔肉也切成肉丝，都是先切成薄片，再细切成丝。另外再把葱和薤切成细丝，浸泡在醋里，用来拌肉，以去除腥气使肉更加鲜嫩。待各种菜肴做好后，端上席间时，也有礼节的规定。“凡齐，执之以右，居之于左”，是说凡是用盐梅等调料调和的食羹类食品，上菜时，要用右手拿住盛放的器皿，而用左手托捧，以保持平稳，避免洒溅。摆放菜肴时，“羞濡鱼者进尾。冬右腴，夏右鳍”。如果鱼连同汤汁一起端上席，则将鱼尾对着宾客；如是冬天，则将鱼肚向着宾客的右方；如是夏天，则将鱼鳍对着宾客的右方。酒杯的摆放也有一定之规，“客爵居左，其饮居右”，也就是主人款待宾客时，饮酒的杯子放在左边，待饮酒时再移到右边。

吃饭时，古人也不失礼节。“燕侍食于君子，则先饭而后已。毋放饭。毋流歠。小饭而亟之，数噍。毋为口容。”在与尊长者一同用餐时，应先拿起筷子吃饭，但要等到尊长者吃完后，自己才能放下筷子。吃饭时不能把饭粒掉在桌上，更不能把汤流洒在桌上。饭要一小口、一小口地接着吃，但要一口饭咽下后才能吃第二口饭。不能把几口饭同时塞进嘴里，使两腮鼓胀起来。虽说是宾朋到主人家做客，可饭后客人还要帮助主人收拾餐具，“客自彻，辞焉，则止”（以上均见《礼记·少仪》），见主人劝阻，客人便可以不动手。[1]

或许在今人看来，古人招待宾客的礼节，显得有些繁杂、琐碎，而这些繁文缛节恰恰反映出了中国人的待客观念，就是热情好客。不仅仅是在日常生活中，在国际交往方面，当外国使臣奉命出使来到后，当时的朝廷对这些远道而来的客人，无不表

1 / 参见朱筱新:《中国古代的礼仪制度》，商务印书馆 1997 年版。

现出极大的热情，并给予周到的款待，不失文明大国的风度。

六、家庭礼仪

礼具有“经国家，定社稷，序民人，利后嗣”的多重功能。“礼”的含义很广泛，它既是一种国家政治制度，又是一种仪式规范，上至国家、下至每一个家庭，为社会各个阶层所共同遵守。家庭是社会的基本单位，中国历朝历代许多士人非常注重家礼的构建。

家礼是为了实现家族内部的和谐稳定，古代中国人建立的一套家内秩序和规矩。最早记述家庭内部规范礼仪的是《礼记》，其中的《内则》一篇，专门记载了家庭内部父子、夫妇、婆媳、姑嫂、兄弟等许多家庭成员的相互关系及行为规范。其他篇章，如《曲礼》《郊特牲》中也有关于家庭礼仪的相关内容。虽然《礼记》关于家庭礼仪的记述不是很详细，但书中提到的基本原则都被继承下来，尤其是随着《礼记》地位的提高，成为后世各种家礼制定的参考。我们可以从《内则》的记载来了解古代家礼的主要内容和思想内涵。

家庭内部父子关系的要求是承顺恭孝的亲子之礼。《内则》篇中叙述了“子事父母”和“妇事舅姑”，即儿子孝敬父母，媳妇侍奉公婆如同侍奉自己父母。每天鸡叫头遍，子女就要起床，穿衣洗梳打扮，准备去向父母请安，到了父母的居所，应和悦地询问父母的衣食冷暖，身体安康。如果父母要出入行动，子女应及时恭敬地搀扶，父母有什么需要，及时进上。父母如有过错，子女应和颜悦色，用柔顺的声调进行劝谏，表达自己的建议，同时还要看父母的心情，等心情好时再规劝。这些亲子之礼，在豪门大族都有着具体的执行。这些具体的行为规范透露出对待父母的原则是“孝”和“敬”。

家庭内部男女关系方面，要恪守“男女不杂坐”“叔嫂不通问”的男女之礼。居家时，男子不过问家务事，女子不谈公务事。除非在举行祭祀或丧事等特殊场合，男女不应有肢体接触。书中还提到，如果的确需要传东西时，女子可以用竹筐接受。如果没有竹筐，那也要把东西放地下，然后由对方拿取。内宅的妇人和居外的男子不能共用一口井，不混用一张卧席。

这些男女之礼，在曲阜衍圣公府有明显的体现。孔府建筑布局为前衙后宅。内宅多衍圣公家眷，不与外界直接接触。孔府在内宅门专门设立负责传话的差役，向内传话的称为传事，向外传话的称为差弁，两者各司其职，分工明确，保证了内外信息的沟通。在内宅门的西侧有一特制的水槽，称为石流。按照《礼记》规范，男女不能随意接触，所以此石流是为挑水夫准备的。挑水夫只能把挑来的供应孔府内宅使用的生活用水倒入石流，石流联通到内宅的储水水缸，然后再由下人将水分配到内宅各处。

家庭内部兄弟之间也有礼仪规定。《内则》云:“嫡子、庶子，祗事宗子、宗妇。”用今天的话来说，就是做弟弟的要恭敬地对待

孔府石流（作者拍摄）

长兄和长嫂。在古代家庭中，兄长的地位仅次于父母。嫡子、庶子在服饰、车马、住所、祭祀等方面的权利有着明显的差别。

家庭内部对待老人方面，有养老礼。《内则》篇借用曾子的言论阐述了养老礼的精神内涵，即："孝子之养老也，乐其心，不违其志，乐其耳目，安其寝处，以其饮食忠养之，孝子之身终。终身也者，非终父母之身，终其身也。"也就是说，子女赡养老人，具体的物质满足是次要的，关键是让老人感到内心愉悦。这就是我们今天常说的多陪陪父母，父母在乎的不是子女给予的物质，而是更多的陪伴。所以曾子说，一直尽心陪伴，不是终父母之身，而是终孝子之身。

家庭内部最为重要的是夫妻相处之礼。"礼，始于谨夫妇。"

礼，是从谨守夫妇之礼开始的。《内则》篇对此有大篇幅的记述，包括夫妻在日常生活中的各种礼仪以及一个家庭中孩子成长过程中的诞生礼、幼儿教育、成人教育等。篇中许多观点对古代中国影响较大，如文中的“男子居外，女子居内”，后世逐渐为民间流传为“男主外，女主内”的传统夫妻礼仪。又如“凡男拜，尚左手”“凡女拜，尚右手”，这一习俗至今仍有流传。给幼儿取名，不能用天地日月，不能用国家的名字，不能用身体隐蔽处的疾病名。“大夫、士之子不敢与世子同名”，后世逐渐演化为避讳制度。

我们用现代的眼光审视这些礼则，有些要求难免体现了宗法等级秩序、男女不平等的落后观念，但其中提到的关于家礼的内核精神依然对家庭和睦、夫妻和谐有着重要的参考价值。

后世历代出现了各式各样的家礼。这些家礼不拘一格，体裁多样，设计内容的侧重点也不尽相同。从内容来看，有些主要记载家族的道德修养和思想信条，名为“家训”“家法”“家戒”等，如颜之推《颜氏家训》、陆游《放翁家训》；有些主要记述家庭内部的礼仪、规章制度，名为“家礼”“家规”“家仪”等，如司马光《书仪》、朱熹《家礼》；还有的记载家风、家教等。从叙述风格看，有的事无巨细，长篇大论，涵盖多个层面，如朱熹《家礼》；有的是小篇幅，言简意赅，发人深思，如诸葛亮《诫子书》。我们暂统称为家礼。这些家礼有一个共同点，就是都以儒家伦理价值观为基础，强调通过设置礼仪规章制度来展现和约束族内成员的言行举止，形成自己的家庭氛围和风尚。

颜之推《颜氏家训》在社会上流传广，对后世的影响很大。颜之推通过记述个人经历、思想、学识来告诫子孙。该书内容涉及教子、夫妇、兄弟、学习、交友、修身、治家等多个方面，提出了家族的宗旨，即“务先王之道，绍家世之业”。此后颜氏家族涌现出了许多留名青史的人物，如隋唐时著名经学家颜师古，立万世楷书法度的颜真卿，忠贞不屈、以死报国的颜杲卿等，他们的成才与《颜氏家训》的教育是分不开的。此家训开后世“家训”的先河，成为传统社会家庭教育的范例和模本。

家礼的撰作在两宋时期达到了高峰。宋代政治上偏安，文化上受佛道二教盛行影响，对于儒学是一个巨大的冲击。加之当时由于古礼废止，民间礼俗混乱，甚至出现大量违背儒家传统礼制的行为。儒生们从“修齐治平”的角度出发，认为欲天下平，就要从修身开始，因而必须重建家礼，以正人伦。宋人所写的家礼著作很多，据《宋史·艺文志三》所载，当时皇家图书馆存有“仪注类”图书一百七十一部，三千四百三十八卷。其中，宋代当朝的家礼、家训类文本甚多。现在仍然传世的宋代家礼有司马光《司马氏书仪》《居家杂仪》《涑水家仪》《温公家范》，朱熹《朱子家礼》《乡约》，袁采《袁氏世范》，郑道玉《琴堂谕俗编》，真德秀《谕俗文》，陆游《放翁家训》《绪训》，赵鼎《家训笔录》，刘清之《戒子通录》，叶梦得《石林治生家训要略》，曹淇《训儿录》等。其中影响较大的有司马光、朱熹、袁采三人的家礼著作。

朱熹作《家礼》是为了满足社会下层民众对礼书的需要，用儒家伦理和道德力量规范民众，与国家官方层面之礼相互配合，使社会良性发展。朱熹在祭祀父母之时，他发现家中的相关礼仪不很完备，引发了他作礼书的念头。朱子吸收了“三礼”的精神内核，参考宋代理学家的礼学思想，根据当时社会习俗作成《家礼》。朱子《家礼》记述了通论、冠礼、昏礼、丧礼、祭礼等方面的纲常伦理。该书蕴含了朱熹关于礼的思想主张，体现出朱熹因革损益、博采众家的礼学思想特点。由于朱熹在中国传统社会中的崇高地位，该书在社会流传深广，许多礼节得到了推广和使用，影响深远。

第四章

古代“礼”的文献载体——“三礼”

在儒家“十三经”中有三部有关“礼”的典籍，即《仪礼》《礼记》和《周礼》，它们就是礼学中常常提到的“三礼”。“三礼”是记载我国古“礼”的三部极其重要的典籍，研究我国古代的典章制度、政治观念、哲学思想、伦理思想都离不开“三礼”。

“三礼”之名始于东汉著名经学家郑玄。东汉郑玄之前并无“三礼”的概念，也无“三礼”的名称。“三礼”之名始于郑玄为《周礼》《仪礼》和《礼记》作注，并作《三礼目录》一书。《后汉书·儒林传下》云：“中兴，郑众传《周官经》，后马融作《周官传》，授郑玄，玄作《周官注》。玄本习《小戴礼》，后以古经校之，取其义长者，故为郑氏学。玄又注小戴所传《礼记》四十九篇，通为三礼焉。”此后始有“三礼”之名，始有“三礼”之学。

“三礼”记录、保存了许多周代的礼仪。其中，《周礼》偏重政治制度；《仪礼》偏重行为规范；《礼记》则偏重对具体礼仪的解释、论述。这“三礼”所涉及的各种礼制的总和，也就是“礼”的全部内容。历代学者对“三礼”都各有阐发，做出各种注解，形成了一门以研究“三礼”为基础的三礼学。“三礼”是我国古代制定礼仪制度、阐释礼学思想的蓝本和百科全书，对中国礼乐文化的发展产生了深远的影响。

一、《仪礼》

《仪礼》是一部记述有关冠、婚、丧、祭、乡、射、朝、聘等礼仪制度和行为规范的文献。

（一）《仪礼》的内容

周公制礼作乐，为周王朝设计了一整套礼乐制度，影响了后世中国人的行为规范，使每一位中国人都打上了礼仪文化的烙印。与殷商重视鬼神的原始宗教氛围不同的是，周代以后人们的宗教意识逐渐淡薄，从崇拜神灵转向敬天法祖，表现出世俗化趋势。礼仪制度章程就充当了宗教仪式约束世道人心、表达内心情感的角色。这些礼仪制度章程内容广泛，名目繁多，其仪节也纷繁复杂，上至天子、诸侯，下到凡夫俗子，涵盖了各个阶层人们日常生活的各个方面，正所谓“经礼三百，曲礼三千”（《礼记·礼器》）。比如对人们在不同场合的服装配饰、站立姿态、仪表言行，甚至连做事的每一个具体步骤都有着详细的规定。儒生们经过不断地排练修订，补充整理，归类汇总成书。《仪礼》便是一部集合各种行为仪式而成的礼仪汇编。现存《仪礼》十七篇所讲述的内容都是各种社会行为的礼节和仪式，对各种礼的参与人员、器物的使用和仪节程序等都有十分严格而具体的规定和说明。我们可以通过经郑玄注解的《仪礼》的各个篇目一窥其内容。按照郑玄注本的篇次，十七篇内容如下：

第一篇《士冠礼》，此篇主要记载了古代贵族士子举行加冠仪式的成人礼。古代人的观念中，贵族子弟到了二十岁即为成人，可以作为一名正式成员参加本宗族的各种礼仪活动。男子成人的标准就是举行加冠典礼。女子年满十五岁举行“笄礼”。

第二篇《士昏礼》，此篇记述古代士阶层结婚的仪节。婚礼在古代伦理社会中，是一个人一生中重要的礼仪活动。篇中详细记述了婚礼的六个过程，即纳采、问名、纳吉、纳征、请期、亲迎，对后世影响深远。

第三篇《士相见礼》，此篇记载贵族士人之间第一次见面需要注意的礼节。对士阶层互相拜访携带的礼物进行了相关规定。

第四篇《乡饮酒礼》，此篇记载的是乡里之间定期举行的以敬老为中心的宴会仪式。体现了古代“老有所养”的优良美德。

第五篇《乡射礼》，此篇主要记述了古代乡间定期举行的以射箭比赛为主体的体育活动中要注意的仪节。通过射箭这一技艺的竞赛，体现出古代的尚武氛围。

第六篇《燕礼》，燕礼即宴会礼。本篇记载了贵族之间或上下级之间为联络感情、庆贺、送行等事由举行宴会的详细礼节，宴会上会有礼乐表演，意在尽宾主之欢。

第七篇《大射》，此篇记载的也是射箭竞技比赛。大射礼和乡射礼相比，规格更高，一般是在天子、国君的主持下举行的国家层面的体育活动。

第八篇《聘礼》，记载的是国家与国家之间、上下级之间和士人之间在进行礼仪活动时，互赠礼物的典仪。

第九篇《公食大夫礼》，记载的是国君举办宴会以礼招待来访问的使者的礼节。

第十篇《觐礼》，记载的是诸侯朝见天子时的各项礼节。

第十一篇《丧服》，丧服是指人们向去世的亲属表达哀悼而穿着的一定规制的服装。丧服的制式和服期的差别，主要依据死者与服丧者的亲疏远近来确定。

第十二篇《士丧礼》、第十三篇《既夕》、第十四篇《士虞礼》，这三篇都和丧礼有关，记载的是贵族阶层从死亡到送到墓地安葬以及生者返家后进行的祭祀仪节。

第十五篇《特牲馈食礼》，特牲是在祭祀时使用的牲畜，一般指的是豕（猪）。馈食是祭祀时使用的熟食。此篇记载的是一般贵族定期通过特牲馈食祭拜祖先的礼节，体现了中国人敬天法祖的思想。

第十六篇《少牢馈食礼》、第十七篇《有司》，这两篇记载的是大夫一级的贵族在家庙中以羊和猪祭祀先祖的礼节。

从以上所罗列的《仪礼》各篇目及主要内容可以发现，书中所载的仪节规范涉及了政治、社会、人际、伦理等各个方面，为天子、诸侯、卿大夫和士各个阶层所践行遵守。

从《仪礼》一书的结构来看，分为经、传、记三部分。“经”是各篇的主体部分，记载各个礼仪的流程。“传”是解释经的文字，目前我们能见到的只有《丧服》一篇有。“记”是附录在某些篇章之后，对经文进行补充说明的文字。大部分篇目都附有记。

关于《仪礼》的作者与成书年代，历代学者有不同的说法，如有周公所作说、孔子所作说、战国所作说和汉代儒者所作说等不同的观点。丁鼎先生就《仪礼》的作者与撰作时代有过论述。他考诸史实，对不同学者的观点展开分析，提出了自己的见解。他认为，虽然不能说周公直接参与了《仪礼》的成书，但由于周公对中国礼乐文明的杰出贡献，我们可以推断，《仪礼》在成书过程中会对周公参与制定的礼仪内容有所采纳和继承。疑古学派将《仪礼》与周公、孔子完全剥离，于情于理都不符合历史实情。鉴于此，丁鼎先生提出《礼仪》十七篇的编著主要归功于孔子及其七十子后学。孔子对当时流传下来的一些礼仪规制加以编订整理，再加上孔子门徒的增益，形成了这一本礼学典籍。[1]

(二)《仪礼》的价值

《仪礼》一书，记载的是先秦的礼仪制度，集先秦各种礼节为一体，是中国古代一部重要礼学典籍。历代王朝在制定国家典礼时都以此书为基础，对其增益，不断完善中国礼仪制度。《仪礼》对维

1 / 参见丁鼎:《试论〈仪礼〉的作者与撰作时代》,《孔子研究》2002年第6期。

系中华传统文化，构建礼仪文明发挥了重要作用。

《仪礼》作为一部记载礼仪制度的文献，材料来源广泛，内容较为完备，具有很高的学术价值。纵览全书，记载了包括婚丧嫁娶等各个方面的礼节和制度，还原了古代社会生活的方方面面。这部典籍不仅仅有助于礼学研究，对历史、宗教、伦理、艺术、语言、美学等中国古代社会生活各领域的研究也有着重要的文献价值。《仪礼》是儒家十三经之一，体现了儒家所追求的价值观。书中所记载的人生礼仪，贯穿了从成年、结婚到死丧的各个环节。如第一篇讲的冠礼，是成人之道的第一礼，强调一个人成年后的担当，对家庭与社会的责任感。又如婚礼的记述，表现出婚礼在宗族生活中的重要作用。我们今天重新审读《仪礼》当然不是去恢复旧习，更多是发现书中蕴含的、可以古为今用的价值。虽然具体的礼节习俗已经不在，但我们可以通过这些记载去了解先秦时期古人的社会生活。时至今日，这些礼仪在规范人的行为、稳定社会秩序、调整人际关系方面依然有着积极的作用。

二、《周礼》

《周礼》原名《周官》，在历史上曾经被称作《周官经》，是一部记述王室职官制度的著作，通过记述三百多种职官及其职责来阐述对社会政治制度构建的设想。郑玄称之为“括囊大典，网罗众家”。

(一)《周礼》的发现和名称变化

“三礼”之中,《周礼》一书出现最晚。从现存的文献资料中,我们见不到《周礼》在先秦时期流传的记载。学界普遍认为该书是汉初河间献王刘德从民间献书所得,也就是西汉初年才开始在社会上流传。

河间献王刘德是汉景帝刘启的第二子,汉武帝的兄长,于汉景帝前元二年受封为王。他喜好儒学,颇爱收藏书籍。秦朝焚书坑儒,导致许多典籍亡逸,当时社会一度出现无书可读的状况。刘德在位二十六年期间,多次以重金求民间藏书,“灰烬之余,拓纂亡散,篇卷仅而复存”,这使很多社会上消失的书得以重见天日。河间献王对中国古代文化典籍进行了收集与整理,保存了大量的先秦文献,对古代珍贵文化遗产的保存和延续做出了突出的贡献。

刘德发现《周礼》的事迹在《汉书》中有记载。班固在《汉书·河间献王传》中指出:“河间献王德以孝景前二年立,修学好古,实事求是。从民得善书,必为好写与之,留其真,加金帛赐以招之。繇是四方道术之人不远千里,或有先祖旧书,多奉以奏献王者,故得书多,与汉朝等……献王所得书皆古文先秦旧书,《周官》《尚书》《礼》《礼记》《孟子》《老子》之属,皆经传说记,七十子之徒所论。”这里提到的《周官》就是后世所传的《周礼》一书。可知《周礼(周官)》一书当是河间献王在景帝、武帝之际被发现的。

关于《周礼》一书的发现与传世，据传还有别的说法。经学家郑玄认为《周礼》出于孔子古宅的墙壁之中。西汉景帝年间，汉鲁王曾拆毁孔子家旧宅来扩建其宫室，在孔宅的墙壁内发现了一批用战国时期文字书写的书籍。据推断，这批书籍有可能是孔家后人为躲避秦始皇焚书而保存起来的。孔壁所见的古籍书目，时人刘歆和许慎都有过详细记载，二人都没有提到《周礼》，因而《周礼》出于孔壁的说法不太可信。

《周礼》一书，自河间献王从民间求得之后，就被束之高阁，藏于秘府，不为世人所知。直到汉成帝时，刘向、刘歆父子开始整理秘府文献，《周礼》一书才得以重见天日，流传开来。由于此书在西汉突然出现，之前的史籍中并没有提到此书，因而关于《周礼》的作者和成书年代的问题成了千百年来争论不休的一个谜团。从古代经学大家诸如司马迁、郑玄、贾公彦到近代的著名学者如梁启超、胡适、钱穆等都提出了各自的看法，但终究没有形成定论。归结起来影响较大的有以下几种：

1. 周公所作说。

此说始于汉代的司马迁，他在《史记·鲁周公世家》中说：“成王在丰，天下已安，周之官政未次序，于是周公作《周官》，官别其宜。”他认为，周成王时，周公作《周礼》来规范周代的官职秩序。后来古文学派的著名学者刘歆、郑玄均力主此说。刘歆在国家图书馆校书时发现了《周礼》，而且十分推崇该书，认为它是

"周公致太平之迹"。由于司马迁和郑玄在学术史上的崇高地位以及刘歆重新发现《周礼》的史实，后世的中国学者大都认同他们主张的周公作《周礼》的说法。

2. 东周人所作说。

现代训诂学家洪诚先生曾根据《周礼》中的语言运用手法等论证《周礼》的成书年代为东周时期。历史学家金景芳先生也认为《周礼》是东周人所作。他通过对《周礼》封国之制与《孟子》《王制》《左传》《国语》之说不合的考察，认为："《周礼》一书是东迁后某氏所作。作者得见西周王室档案，故讲古制极为纤悉具体，但其中也增入了作者自己的设想。例如封国之制、畿服之制一类的东西，就是作者自己设想所制定的方案。"[1]

3. 春秋时期所作说。

刘起釪先生认为："《周礼》成书有一个发展过程。第一步只是一部官制汇编，至迟成于东周春秋时代，它依据的是自西周以来逐渐完备的周、鲁、卫、郑四国的姬周系统的官制，初步还记录了一些官职的职掌。后来逐渐详细补充，写成了各官职的职文，除主要保存了春秋以上资料外，还录进了不少战国数据，所以全书的补充写定当在战国时期。到汉代整理图书时，又有少数汉代资料掺进去了，但不影响这部书原是周代的旧籍。"[2]

1 / 金景芳等:《经书浅谈》，中华书局1984年版，第46页。

2 / 刘起釪:《古史续辨》，中国社会科学出版社1991年版，第650页。

4. 战国学者所作说。

东汉的今文学派学者林孝存、何休等学者认同此说。贾公彦《周礼注疏》卷首《序周礼废兴》道：“《周礼》起于成帝刘歆，而成于郑玄，附离之者大半。故林孝存以为武帝知《周官》末世渎乱不验之书，故作《十论》《七难》以排弃之。何休亦以为六国阴谋之书。”清儒崔述、皮锡瑞，现代学者钱穆、顾颉刚、郭沫若、范文澜、杨向奎等均持此说。

此外还有刘歆伪造说、周秦之际儒者所作说、汉初人所作说等。这些关于《周礼》成书年代的研究，各有道理，但又不能使人完全信服。综合比较各家之说，“东周春秋人所作说”相对更为可信。可以肯定的是，有这么多学者参与了研究，恰恰说明此书的重要性。古代书籍往往是经过好几代人的增益删减与修订才成为定本。该书作者可能借鉴了周公当年制礼作乐时所制定的一些典章制度，参以自己的设想，根据东周初期的社会实际，编制出这样一部体例严整、结构完备的职官制度方案。

《周礼》一书开始是以《周官》之名流传的。在先秦史籍中没有该书的记载，最早见于司马迁《史记》。《史记·封禅书》载：“自得宝鼎，上与公卿诸生议封禅。封禅用希旷绝，莫知其仪礼，而群儒采封禅《尚书》《周官》《王制》之望祀射牛事。”根据司马迁在《史记》中的记述，朝廷商议封禅事宜时，曾采用了《周官》中相关的记载。可在西汉时期，这礼学专著还是以《周官》为书名的。

班固《汉书·艺文志》中著录了《周官经》六篇、《周官传》四篇。班固自注云:“王莽时刘歆置博士。”其中的《周官》也都是指《周礼》一书而言。荀悦《汉纪》卷二五载:“(刘)歆以《周官经》六篇为《周礼》,王莽时,歆奏以为《礼经》,置博士。”由此可见,王莽当政时,《周官》始改称为《周礼》,并列入学官,设置博士,学术地位大幅度提高。

(二)《周礼》的内容

《周礼》是一部儒家礼学经典,十三经之一。该书内容极为丰富,涉及社会生活的多个领域。该书大量记载了先秦时期的职官制度,通过这些职官制度的构建,作者设想出一整套理想的治国方案和建国理想。通过书名,即可以看出书中所记载的是“礼”。其中既有国家典礼,如祭祀、朝觐、封国、巡狩、丧葬等,也有具体礼仪制度,如用鼎制度、车骑制度、服饰制度、礼乐制度等,还有各种与这些制度相配套的礼器的等级、组合、形制、度数等。这些记载在一定程度上反映了先秦时期的社会政治、经济、文化、风俗、礼法,对我们了解这一时期的历史文化有重要的价值。

《周礼》一书的体例非常严整,按照天、地、春、夏、秋、冬为序,分成了六类职官。在讲述每一职官时,都有一节“叙官”,主要是总的介绍这一官职具体的职责、设立的意义等。每一官的“叙官”都用“惟王建国,辨方正位,体国经野。设官分职,以为民极”这句话作为开篇。

《天官冢宰·大宰》谓之“六典”：“一曰治典，以经邦国，以治官府，以纪万民；二曰教典，以安邦国，以教官府，以扰万民；三曰礼典，以和邦国，以统百官，以谐万民；四曰政典，以平邦国，以正百官，以均万民；五曰刑典，以诘邦国，以刑百官，以纠万民；六曰事典，以富邦国，以任百官，以生万民。”《天官冢宰·小宰》谓之“六属”：“一曰天官，其属六十，掌邦治”；“二曰地官，其属六十，掌邦教”；“三曰春官，其属六十，掌邦礼”；“四曰夏官，其属六十，掌邦政”；“五曰秋官，其属六十，掌邦刑”；“六曰冬官，其属六十，掌邦事”。其分工大致为：

（1）天官冢宰，大宰及以下共有六十三种职官，负责宫廷事务；

（2）地官司徒，大司徒及以下共七十八种职官，负责民政事务；

（3）春官宗伯，大宗伯及以下共七十种职官，负责宗族事务；

（4）夏官司马，大司马及以下共七十种职官，负责军事事务；

（5）秋官司寇，大司寇及以下共六十六种职官，负责刑罚事务；

（6）冬官考工记，涉及制作方面共三十种职官，负责营造事务。

在汉代，《冬官司空》篇就已经失传。现在我们看到的是汉代儒生将记载先秦手工业技术的著作《考工记》补充进去的。我们可以看到，这六类官职基本上涵盖了国家、社会生活的方方面面，每一个工种都有着详尽的描述。很显然，这些记载不符合真实的历史情况，但此书可谓是先秦时期人们对于理想国家构建的具体蓝图。

(三)《周礼》的价值

《周礼》一书自汉代流传以来，对中国古代社会产生了重要影响，甚至影响了整个东方儒家文化圈。

首先，《周礼》对封建王朝政治制度构建产生了深刻影响。《周礼》一书中体现了丰富的礼制、治国思想，为封建王朝政治制度的构建提供了丰富的理论来源。始于隋朝，影响中国古代千年之久的中央官制“三省六部制”，其中的“六部”，大概就是仿照《周礼》的“六官”设置的。唐代将六部之名定为吏、户、礼、兵、刑、工，作为中央官制的主体，为后世所遵循，一直沿用到清朝灭亡。历朝修订典制，如唐《开元六典》、宋《开宝通礼》、明《大明集礼》等，也都是以《周礼》为蓝本，斟酌损益而成。[1]

其次，《周礼》对中国传统文化思想产生了影响。《周礼》一书蕴含着中国古代的阴阳五行朴素哲学思想。书中天、地、春、夏、秋、冬六官既有属于空间的天、地，又有展现时间的四季，体现出了古人的时空观和宇宙观念。

再次，《周礼》也影响了中国古代城市、建筑的建设。在中国五千多年的历史上，曾经有很多著名的大都城在城市布局上都体现了《周礼》的礼制思想。“左祖右社，面朝后市”的都城格局，成为

1 / 参见彭林:《中国古代礼仪文明》，中华书局2004年版。

历代帝王向往的楷模。

中国封建社会盛期，最具有典范代表的都城——隋唐长安城，整个城市的布局严整、统一，充分体现出周代王城的布局特点。明清北京城，在格局上恢复了传统的宗法礼制思想，使皇城在都城的中心，还仿照《周礼》，建天坛、地坛、日坛、月坛、先农坛等，形成今日的布局。韩国的首都首尔，同样有“左祖右社，面朝后市”的格局，乃是海外依仿《周礼》建都的典范。[1]

二、《礼记》

《礼记》，又称《小戴礼记》或《小戴记》，共四十九篇，是一部礼学文献资料的汇编，相传是西汉戴圣为解释《仪礼》，将秦汉以前的礼制、礼仪加以记录、整理、编纂而成。

(一)《礼记》的内容

《礼记》通过记录孔子和弟子等问答的方式，记述修身做人的准则。全书四十九篇接近十万字，内容广博，门类杂多，记述了古代的制度、通论、明堂、丧服、祭祀、乐记、吉事等，涵盖了社会制度、礼仪制度和古代人们的道德观和伦理观等。它阐述的内容，包括社会、政治、伦理、法律、道德、历史、哲学、宗教、日常生活等各个方面，集中体现了先秦儒家的政治、哲学和伦

1／参见彭林:《中国古代礼仪文明》，中华书局2004年版。

理思想，是研究先秦社会的重要资料。

《礼记》是儒家“十三经”之一。东汉时期，著名经学家郑玄为《礼记》做了出色的注解，使它摆脱了从属《仪礼》的地位而独立成书。此后郑玄注解的版本渐渐得到士人的尊信和传习，由此便盛行不衰，逐渐上升为儒家经典。魏晋南北朝时期出现了不少有关《礼记》的著作。到了唐朝，国家设科取士，把《礼记》列为大经。宋代以后，《礼记》的地位进一步被提高，我们常说的五经中的《礼》，逐渐由《仪礼》转变为《礼记》，《礼记》位居“三礼”之首。

《礼记》一书内容庞杂，不仅记载了许多生活中的细节性礼仪规定，而且还论述了各种典礼背后蕴含的意义和制礼的精神，比较明确地表达出了儒家的礼治思想。由于《仪礼》记载的大都是礼仪细节，缺少义理方面的阐述，而《礼记》正好弥补了这一缺憾。比如书中《大学》《中庸》《礼运》等篇有较丰富的哲学思想。《礼记》对义理的阐述得到了封建统治者的青睐。汉武帝独尊儒学之后，儒家成为维系国家意识形态的重要理论来源，其礼治思想越来越成为统治者维护统治和获得晏安殷实治世局面的良方。再加上知识分子的极力推崇，《礼记》研究成果的不断涌现，使得《礼记》的地位越来越高，成为“三礼”之首。

《礼记》作为一部儒学资料汇编性质的书籍，内容庞杂，编排较凌乱，其各篇的写作不是出自一人之手，没有严密、完整的写作体例和理论框架。历代学者为了便于研究，对《礼记》各篇按照不同的标准进行分类。但由于《礼记》的内容繁杂而广博，其分类的标准不够统一，至今没有令人满意的分类。

纵观历代学者对《礼记》的分类，我们可以大致看出其主要内容包含以下几个方面：

一、阐述礼学思想的通论性篇目。如《礼运》《祭义》《学记》《经解》等。有的篇章通过托名孔子言论来表达礼治思想，如《坊记》《表记》《缁衣》《仲尼燕居》《孔子闲居》《哀公问》《儒行》等。其中不乏诸如《礼运》《学记》等对中国文化产生重要影响且为人所熟知的篇目。

《礼运》篇通过孔子与其弟子师生问答的形式，提出了儒家追求的以礼为基础的“大同”和“小康”的政治理念，并论述了礼的起源、内容和作用等。大同社会的特征，借孔子之口描述出来是：“大道之行也，天下为公。选贤与能，讲信修睦，故人不独亲其亲，不独子其子，使老有所终，壮有所用，幼有所长，矜寡孤独废疾者皆有所养。男有分，女有归。货恶其弃于地也，不必藏于己；力恶其不出于身也，不必为己。是故谋闭而不兴，盗窃乱贼而不作，故外户而不闭。是谓大同。”

从中我们可以看出，“大同”社会的基本特征是“天下为公”，社会重视有贤德之人，人人都讲求信用，人人都能得到关爱，各尽其能。人们有着高度的道德自觉，那些搞阴谋诡计、盗窃作乱的人在“大同”社会里都会消失，世界将会是和平安定的局面。这反映出了古代中国人民对美好社会生活的崇高向往。《礼运》篇还提出了“小康”的社会秩序。虽然“大道既隐，天下为家”，但是依靠礼义规范各个方面的行为，依然能够使社会秩序稳定，人们生活殷实。

《礼运》篇关于理想世界的构想对后世影响深远。近代以来康有为、孙中山、邓小平等人士，在探索富国强国之路时，都曾受到其影响。康有为利用《礼运》篇的大同思想结合当时的西学作《大同书》，他在书中提出了中国要经历的三个阶段，“据乱世”“升平世”“太平世”。孙中山在论述三民主义时提出：“真正的民生主义，就是孔子所希望之大同世界。”[1] 邓小平根据我国社会主义建设的具体国情和实际，提出了我国在 20 世纪末实现“小康社会”的构想。时至今日，《礼运》篇对于中华民族的伟大复兴仍然有极大的借鉴意义。

《学记》是《礼记》的第十八篇，主要论述中国古代教育和教学问题，被普遍认为是中国也是世界上第一部系统专门的教育学专著，在世界教育史上有着极其重要的地位。学界大都认为此篇成于战国后期，作者是孟子的学生乐正克。本篇文笔简洁，用词生动，有许多警示启迪性的语句以格言的形式在国人口中广泛流传。此书开篇阐明了教育的目的和作用，即对国家和社会来讲，教育能“建国君民”“化民成俗”；对个人来说，《学记》载：

“人不学，不知道。”“故学然后知不足，教然后知困。知不足，然后能自反也；知困，然后能自强也。故曰：教学相长也。”即教育对个体而言，

1 /《孙中山全集》第 9 卷，人民出版社，第 394 页。

能促进人的“知不足”，达到“自反”与“自强”的效果。此篇还对中国古代的学制、教学原则、教学内容、学习方法、师生关系以及教师的职责等基本的教育学要素进行了论述。

从近代捷克教育家夸美纽斯所著的《大教学论》使教育学成为一门独立的学科，到赫尔巴特促成现代教育学的形成，教育学的研究日渐深入。现代教育学中许多的理论在《学记》中能找到相关的论述。如《学记》中提出的“不陵节而施之谓孙”体现了循序渐进的教学原则；“君子之教喻也。道而弗牵，强而弗抑，开而弗达”体现了启发诱导的教学原则；“凡学之道，严师为难”体现了严慈相济的教学原则；“相观而善之谓摩”与班杜拉的观察学习理论相契合；“教学相长”体现了终身学习的理念。《学记》阐述的很多教学观点符合现代教育教学规律，对教学有着很强的指导作用。

二、阐述儒家哲学、政治、修身思想的文章，如《大学》《中庸》。南宋大儒朱熹将这两篇取出，与《论语》《孟子》一起列为四书，编到其《四书章句集注》中，成为科举考试的基本教材。

《大学》相传是孔子之徒曾子所作，是论述儒家“内圣外王”的政治哲学、探讨个人修养和治国平天下关系的重要论著。朱熹概括“大学之道”为三纲领、八条目。三纲领是《大学》的宗旨和目的，即明明德、亲民、止于至善。八条目是从修身到治国的八个阶段，即格物、致知、诚意、正心、修身、齐家、治国、平天下。文中体现的修齐治平的思想，几千年来鼓舞着中国士人提升自身修养、兼济天下的人文抱负。

《中庸》相传是由孔子之孙子思所作，成书约在战国初期，是论述自身修养、阐述天道和个人关系、解释孔子“中庸”思想的论著。该书从揭示天、性、道、教的关系入手，探求人生道德修养和道德教化的哲学原理。该篇指出“道”贯穿于一切事物之中，无处不在而不可片刻离开。君子要“慎其独”，要求人们加强自觉性，真心真意地按照道德原则修养自身。“慎独”作为修养方法，就是强调在没有外在监督的情况下始终不渝地、更加小心地坚持自己的道德信念，自觉按道德要求行事，不会由于无人监督而肆意妄行。以调节人性中所固有的喜怒哀乐等感情为依据来阐明“中和”（即中庸）这一概念。忠恕是中庸之道的具体体现。因而要用尽己之心、推己及人的忠恕之道，来处理人际关系。中庸思想对于今天我们构建和谐社会有着十分重要的意义。

三、记载礼仪制度的篇章，如《王制》《礼器》《郊特牲》《玉藻》《明堂位》《大传》《祭法》《祭统》《深衣》等篇。

四、专门记某项具体礼节的，如《奔丧》《投壶》。有的采用了和《仪礼》相似的题材，专门解释说明补充《仪礼》，如《冠义》《昏义》《乡饮酒义》《射义》《燕义》《聘义》《丧服四制》。关于丧服制度的有《曾子问》《丧服小记》《奔丧》《三年问》等。有的侧重记日常生活礼节和行为规范，如《曲礼》《内则》《少仪》等篇就是。

《曲礼》是《礼记》的第一篇，主要记述了各个细节方面的礼仪。所谓“经礼三百，曲礼三千”（《礼记·礼器》），说明《曲礼》记载的礼的小目之多，内容繁杂。我们日常生活中的出入门庭、接见宾朋、拜访亲友、饮食、扫除、对待长者和老师等琐碎的细节都有着具体详尽的描述。

《曲礼》还论述了礼的性质和原则。在开篇就提出：“毋不敬，俨若思，安定辞，安民哉。”朱熹认为“毋不敬”是统领全篇的主旨，也就是在行礼的过程中，最重要的是内心要有“敬”的心态，而不是简单地按照要求去做。缺失了敬的礼，如同行尸走肉，那不是礼。“夫礼者，自卑而尊人。虽负贩者，必有尊者。”这里提到了礼在人际交往中的一个基本原则，即讲究自我谦卑，尊敬他人。这一原则在中国传统礼仪中有着明显的表现。这也符合儒家关于礼的思想，也就是内心情感的流露，表现出来的行为规范。

对于人生各个成长阶段的称呼，《曲礼》是这样记载的：“人生十年曰幼，学。二十曰弱，冠。三十曰壮，有室。四十曰强，而仕。五十曰艾，服官政。六十曰耆，指使。七十曰老，而传。八十、九十曰耄。七年曰悼。悼与耄，虽有罪，不加刑焉。百年曰期，颐。”其中很多的称呼，如耄耋、期颐今天仍然在使用。

《曲礼》介绍了许多非常详细的礼节，如陪长辈喝酒应该注意的事项和细节。其有所增益地保留了日常生活的琐碎礼仪，成为中国人日用的行为模式，影响了国人的民族性格。

(二)《礼记》各篇的作者与写作年代

据说《礼记》的撰作源自孔子。孔子去世后，他的弟子们根据孔子讲《仪礼》的内容和当时流传的本子，记录下来的内容，称为《记》。[1]这些《记》都是解说《仪礼》的作品，传世的大、小戴《礼记》主要就是选自这些《记》。也就是说《礼记》四十九篇的基本内容形成于先秦时代，是由孔门弟子、后学传下来的。

关于《礼记》各篇的作者，大多不能确考。历代学者指出了一些篇章的作者，但其中也有不同的说法。关于《中庸》司马迁在《史记·孔子世家》说："子思作《中庸》"，认为《中庸》是孔子之孙子思所作。关于《儒行》，郑玄在注解《礼记》时说，"《儒行》之作，盖孔子自卫初反鲁时也"，认为《儒行》是由孔子所作。《隋书·音乐志》引梁沈约说："《月令》取《吕氏春秋》，《中庸》《表记》《坊记》《缁衣》，皆取《子思子》。《乐记》取《公孙尼子》，《檀弓》残杂，又非方幅典诰之书也。"随着郭店竹简的出土和《上海博物馆藏战国楚竹书》的问世，证明《中庸》《缁衣》《表记》《坊记》确是子思的作品。

由于《礼记》各篇的作者不是一人，写作时间也有先有后，而且《礼记》各篇在流传过程中有所修改或增补，甚至在各别篇章中混入了秦汉人增补的一些语句或内容。因而唐宋以下，就有不少学者怀疑《礼记》中有一些后人伪托之作。

朱熹对《礼记》一书就有怀疑态度，他在

1 /《礼记正义》云："其《礼记》之作，出自孔氏……至孔子没后，七十二之徒共撰所闻，以为此《记》。"

《朱子语类》中道:“《仪礼》,礼之根本;而《礼记》乃其枝叶。《礼记》乃秦汉上下诸儒解释《仪礼》之书，又有他说附益于其间。”(卷八四)“大抵说制度之书，惟《周礼》《仪礼》可信,《礼记》便不可深信。”(卷八六)现代学者冯友兰在《中国哲学史》中认为《大学》《祭义》《学记》《中庸》《礼运》等篇阐述的思想，是继承了孟子、荀子的思想，是秦汉人之作。二十世纪以来的有些学者甚至断定《礼记》基本上是秦汉人的著作。实际上，先秦时学术著作编制、流传和增补成书的过程有着特殊的规律，与现代著作的产生有很大的不同，大都是经过好几代人的增删才成书。

(三)《礼记》的价值

《礼记》是一部秦汉以前儒家有关礼仪制度、哲学思想的论著选集，其中既有礼仪制度的记述，又有关于礼的理论及伦理道德、学术思想的论述。

首先,《礼记》有着道德教化的作用。《礼记》不仅是一部记述规章制度的书，也是一部关于仁义道德的教科书。《礼记》的重要价值不仅体现在它展现了中国礼仪文化，而且还影响着中国人的日常行为。它作为儒家十三经之一，是历代士人的必读书目，潜移默化地影响了中国人的人格和精神追求。

其次,《礼记》有着极其重要的学术价值。我们研究儒家思想，研究孔子，往往凭借一部《论语》，传统资料有限，而《礼记》则有效地弥补了资料的匮乏。“仲尼没而微言绝”，先秦儒家论著大多亡佚。《礼记》中保留了许多孔子及其后学的作品，这无疑为先秦思想史及哲学史的研究提供了研究资料。书中记载了大量先秦时期社会生活的面貌，它可以帮助我们了解古代宗法制度、学校制度、昭穆制度以及政治、经济、文化各个方面。

再次，《礼记》有着重要的文学、文艺审美价值，对深入了解中国古代传统文学和文艺发展脉络具有极为重要的意义。《礼记》全书多以散文撰成，一些篇章成为文学名篇。它体例多样，有的用短小生动的故事阐明某一道理，有的大气磅礴、结构谨严，有的言简意赅、意味隽永，有的擅长心理描写和刻画，书中还收有大量富有哲理的格言、警句，精辟而深刻，这无疑丰富了我国的文学宝库。

第五章

先秦时期礼学的奠基

商朝末年，商纣王荒淫无道，纵情声色，设置酒池肉林，滥杀无辜忠臣，朝野上下怨声载道，诸侯多叛离纣王，归顺当时的西伯侯姬昌。后西伯侯之子姬发在其弟姬旦的辅佐下，联络各地诸侯，在牧野誓师伐纣。牧野之战中，纣王兵败，登鹿台，自焚而死，由此结束了商王朝的统治，中国历史开始进入西周时期。

一、周公“制礼作乐”

周公，姓姬，名旦，是周文王姬昌第四子，周武王姬发的弟弟，曾两次辅佐周武王东伐纣王，因其采邑在周，爵为上公，故称周公。周公是西周初期杰出的政治家、军事家、思想家、教育家，被后世尊为“元圣”，是儒学之先驱、奠基人。《尚书大传》概括周公的功绩为：“周公摄政，一年救乱，二年克殷，三年践奄，四年建侯卫，五年营成周，六年制礼作乐，七年致政成王。”

周武王死后，周公摄政七年。在此期间，他在借鉴夏礼和商礼的基础上，对夏、商两代的传统习惯、文化思想和伦理宗法进行了补充，以“亲亲”和“尊尊”为基本指导思想，综合本族的风俗习惯，制定出了一套完整的典章制度和礼节仪式。这些礼仪成为指导国家大事、人们生活的行为参照和必备规范。周公在主政期间营建洛邑，分封诸侯，作《周官》，划定百官职责，改变“周之官政未次序”（《史记·鲁周公世家》）状态，奠定了周朝的政治体制基础，确立了官职结构，确定了周朝的典章制度和礼乐文明，史称“周公制礼”。

周武王在位时期，周公多次为武王东征伐商建言献策，为周定天下做出了突出贡献。武王去世后，成王年幼，由周公摄政辅佐朝政。当时有人开始散布流言，说周公要对成王不利，背叛周王室。周公跟太公望、召公说：“我之所以这么做是因为武王早逝，成王年幼，不想看到先王太王、王季、文王三代的成果毁在我的手中。”周初分封，周公分封鲁国，但他自己并没有赴任，而是让他的儿子伯禽代自己到曲阜受封。在伯禽临行前，周公告诫他：“我是周文王的儿子，武王的弟弟，当今天子的叔父，在全天下人中，我的地位已经很高了。但我并没有安享富贵，而是全心辅佐成王。我洗一次头要多次绾起头发，吃一顿饭多次中断，是因为要经常接待贤能之人，恐怕失去民心。你到了鲁国也要如此。”这就是周公吐哺、天下归心的历史典故。后来在周公的领导下，平定了地方的叛乱。周公召集天下诸侯举行盛大典礼，宣布了各种典章制度，然后归政成王。

曲阜周公庙制礼作乐坊（作者拍摄）

关于“周公制礼作乐”的记载，始见于《左传》。鲁国季文子使太史克对鲁宣公说“先君周公制《周礼》”。《礼记·明堂位》记载:“武王崩，成王幼弱，周公践天子之位以治天下。六年，朝诸侯于明堂，制礼作乐，颁度量而天下大服。七年，致政于成王。成王以周公为有勋劳于天下，是以封周公于曲阜，地方七百里，革车千乘，命鲁公世世祀周公以天子之礼乐。”

虽然这些史书对周公制礼都有记述，但都没有涉及周公“制礼作乐”的具体内容。由于后世儒家对周公推崇备至，很多学者认为周代一切典章制度、礼仪规范，甚至包括“三礼”中的《周礼》和《仪礼》都是经由周公手定，属于周公“制礼作乐”的内容。如汉代经学家郑玄认同刘歆关于《周礼》是“周公致太平之迹”的观点，他在注《周礼》时说：“周公居摄而作六典之职，谓之《周礼》。营邑于土中。七年，致政成王，以此礼授之，使居雒邑，治天下。”[1]

此后有许多学者认为周公仅仅是制定了礼书的大纲，而后有其他一些人进行了完善，形成了如今的《周礼》和《仪礼》甚至《礼记》之书。简言之，他们都认为周公制定了《周礼》的大纲蓝图，而《周礼》就是后人在此基础上不断丰富发展完善的，甚至周代的一切文化典章制度，当属周公首创无疑。这些说法看起来既符合“周公制礼”的记载，也较为合乎情理。

当代学者从政治制度等更为广阔的视野展开了研究。比如金景芳认为，“古代所谓礼，实际是包括上层建筑和经济基础在内的一系列政治的社会的制度，而以政治的制度为主”[2]，并概括出“周公制礼”的内容有畿服、爵谥、田制、法制、嫡长子继承制和乐等。游唤民则更为细致地梳理出“周公制礼”的内容有嫡长子继承制、分封制、宗法制、畿服制、国野或乡遂制度、田制（井田）、法制、诸侯朝觐天子之礼、“籍田”礼典、对祭祀制度的改革、天子登基之礼、策命礼仪、军礼、礼节、“三礼”中包含着周公“制礼作乐”的部分内容、作乐等十六项。[3]

1 / 李学勤:《十三经注疏》,《礼记正义》，北京大学出版社2000年版。

2 / 金景芳:《周公对巩固姬周政权所起的作用》,《吉林大学社会科学论丛·历史专集》，1980年版。

3 / 参见张厚知:《“周公制礼”平议》,《三峡大学学报》2005年9月人文社会科学版。

尽管学者对于周公制礼的具体内容有着争议，但大都认为周公对于中国古代传统的礼制做出了不可磨灭的贡献。先秦时期所施行的一系列礼仪规范，大都和周公有着密切的关系。周公的“制礼作乐”，实际上是对夏商的礼乐加以损益，使之更适合宗法封建等级制度，这就是孔子所说的“殷因于夏礼，所损益，可知也；周因于殷礼，所损益，可知也”(《论语·为政》)。

周礼内容十分繁琐，至今我们仍可以从《礼记》中看到它的影子。相传周礼有五类：吉礼（讲祭祀）、凶礼（讲丧葬）、军礼（讲征战）、宾礼（讲交际）、嘉礼（讲吉庆）。每个贵族从出生到死亡，从人事到祭祀，从日常生活到政治活动，都有相应的礼仪规定。

周公制定的一系列制度，也属于周礼的内容，如嫡长子继承制。王国维在《殷周制度论》中认为是周公创立了“立子立嫡之制”。在周公之前，周人从古公亶父到武王时期，并未实行嫡长继承制。如古公舍长子太伯而传少子季历，文王舍长子伯邑考而传武王。武王去世之前，国势维艰，为巩固已经取得的政权，也曾欲以“兄终弟及”的方式让圣哲贤能、雄才大略的周公即位，以安天下。同时武王又将长子姬诵托付给周公，让周公辅佐长子。正因为当时没有确立嫡长子继承制，武王去世后周公摄政辅佐成王，引起了管、蔡二叔的不满，先以流言中伤周公“将不利于孺子”，继之又联合殷商旧部叛乱。周公最终平定了叛乱，解除了新朝的内忧外患，使政权稳定，然后返政成王。他为了避免悲剧重演，确立了“立子立嫡”之制，解决了内部权力纷争。从此嫡长子继承制度被后世历代王朝所继承，对后世产生了巨大的影响。

周公还参与制定宗法制度。按照周代的宗法制度，宗族中分为大宗和小宗。嫡长子有传宗、继统之权，并且世代均由嫡长子承继。这个系统称为大宗，嫡长子称为宗子，又称宗主，为族人共尊。宗子有祭祀祖先的权利。若宗子有故而不能致祭，那么庶子才可代为祭祀。和大宗相对应的是小宗。在一般情况下，周王自称天子，是天下的大宗。天子之嫡长子继承王位，为大宗；除嫡长子以外的其他儿子被封为诸侯，为小宗。诸侯对嫡长子而言是小宗，但在他的封国内却是大宗。诸侯嫡长子继承诸侯国，为大宗；其他儿子被分封为卿大夫，为小宗。卿大夫在他的采邑内却是大宗，从卿大夫到士也是如此。因此贵族的嫡长子总是不同等级的大宗（宗子）。大宗不仅享有对宗族成员的统治权，而且享有政治上的特权。后来，各王朝的统治者对宗法制度加以改造，逐渐建立了由政权、族权、神权、夫权组成的封建宗法制。这项制度，影响了中国人的宗族观念，对后世影响深远。[1]

周公制礼作乐，通过特定的行为规范和模式，使礼乐文化摆脱宗教元素，成为调节人们生活的重要手段，达到了礼乐意识的社会化，开礼乐教化之先河，并将礼乐文化推向了新的高峰。由此巩固了当时的统治，稳定了社会秩序。其中蕴含的一些人文主义、敬天保民等

1 / 参见张厚知：《“周公制礼”平议》。

思想，即使是千百年后的今天，仍然是我们弥足珍贵的精神财富。

二、孔子的“礼”

周公制礼作乐之后约五百年，春秋时期，周王室衰微，其统治范围不断地缩小，权威逐渐降低。与此相对应的是，诸侯国逐渐强大，并开始争相称霸。在这样一个礼崩乐坏的时代，一个对中国历史和文化产生重要影响的人物——孔子诞生了。

孔子（前 551—前 479），名丘，字仲尼，是春秋时期著名的思想家、教育家，是儒家学派的创始人。孔子开创了私人讲学的风气，打破了“学在官府”的格局，使很多平民子弟都有了接受教育的机会。

相传孔子曾受业于老子，带领部分弟子周游列国十四年，晚年回到鲁国，修订六经，即《诗》《书》《礼》《乐》《易》《春秋》。相传他有弟子三千，其中七十二贤人。孔子去世后，其弟子及其再传弟子把孔子及其弟子的言行语录和思想记录下来，整理编成儒家经典《论语》。

孔子在古代被尊奉为“天纵之圣”“天之木铎”，是当时社会上的最博学者之一，被后世统治者尊为至圣、至圣先师、大成至圣文宣王先师、万世师表。后世随着儒家学说成为国家指导思想，孔子的地位一步步上升，对孔子的祭祀一度成为和祭天同等级别的“大祀”。其儒家思想对中国和世界都有深远的影响。

“礼”是孔子思想体系中的重要内涵。据传说孔子曾向老子问礼。许多史籍中均记载有“孔子问礼于老子”一事。山东嘉祥武氏祠有老子会见孔子的汉画像石，距今已有一千八百余年，其中描述了孔子问礼老聃的场景。画面上共有三十人，左起第八人手扶曲木杖，以礼迎宾者为老子；左起第十人，与老子相向而立、双手捧雁者为孔子。《仪礼·士相见礼》记载：“下大夫相见以雁。”可见孔子会见老子时的礼节是遵循礼的要求来做的。老子身后有七名弟子。孔子身后站着二十一名弟子，包括颜回、子路和子张等得意门生。该画像石的主题风格与《史记》中关于“孔子适周问礼”的记载基本相吻合。

综合《史记·孔子世家》和《史记·老子韩非列传》的记载，大体可知孔子向老子问礼的经过。鲁国人南宫敬叔请求鲁昭公，他想要跟随孔子前往周都洛邑询问周礼，鲁昭公应允并给他们车、马，还有童仆。在此次洛邑之行中，孔子见到了老子。孔子向老子请教礼的学问。老子说：“你所说的礼，其提倡者骨头都已腐朽，只有他的言论还在。况且君子时运来了就驾着车出去做官，生不逢时时就像蓬草一样随风飘转。我听说，善于经商的人会把货物囤起来，好像什么东西也没有，君子怀揣高尚的品德，他的容貌谦虚看起来像是愚笨之人。请抛弃您的骄气和过多的欲望，还有做作的情态神色和不适合的志向，这些对于您自身毫无益处。我所能告诉您的，就这些了。”

《孔子圣迹图·问礼老聃》[1]

孔子告辞离去时，老子对他说："我听说富贵之人送人以财富，仁义之人送人以箴言。我不是富贵之人，就盗用仁义之人的名义，送你几句话：'聪慧好察的人更容易濒临死亡，是喜欢议论他人的原因。知识广博、能言善辩的人容易危及其身，是揭发别人丑恶的原因。为人子、为人臣者不要先看到自己的想法和需要。'"孔子与老子分别后，对其弟子说，老子犹如乘风云上天，捉不到射不着的龙。孔子从周都洛邑返回鲁国后，投到他门下的弟子越来越多。

孔子在洛邑考察期间，曾入觐参观周王室太庙，他每事必问，不厌其烦地向太庙执事者请

1 / 孔德平、周龙涛编：《孔子生平事迹图》，现代出版社 2017 年版。

教有关周礼及典章文物的知识。因此有人讥嘲孔子，说:“谁说陬邑来的那个小子懂得古礼？看他在太庙里对什么都感觉新鲜，无事不问！”事后，有人把此话转告孔子，孔子说:“欲求知必有所问。我问，正是为了学习制度和礼仪啊！”

孔子的一生不仅宣扬礼，而且时时刻刻以礼来规范自己的言行。《孝经》中曾记载孔子和他的弟子曾子的一个礼仪故事，即“曾子避席”。有一次曾子在孔子身边侍坐，孔子就问他:“以前的圣贤之王有至高无上的德行、精要奥妙的理论，用来教导天下之人，人们就能和睦相处，君王和臣下之间也没有不满，你知道它们是什么吗？”曾子听了，明白老师孔子是要指点他最深刻的道理，于是立刻从坐着的席子上站起来，走到席子外面，恭恭敬敬地回答道:“我不够聪明，哪里能知道，还请老师把这些道理教给我。”

在这里，“避席”是一种非常礼貌的行为，当曾子听到老师要向他传授时，他站起身来，走到席子外向老师请教，是为了表示他对老师的尊重。曾子知礼的故事被后人传诵，很多人都向他学习。

（一）孔子“礼”思想的内涵

孔子生活的年代，周王室衰微，诸侯争霸，出现了“王道衰，礼义废，政教失，国异政，家殊俗”（《诗·大序》）的情况，配合宗法制实行的礼乐制度土崩瓦解，社会混乱。孔子出生的鲁国，是制礼作乐的周公之封国，因周成王曾命“鲁公世世祀周公以天子之礼乐”（《礼记·明堂位》），故鲁国保留了大量的周代礼乐制度，称“周礼尽在鲁矣”（《左传·昭公二年》）。鲁国特定的思想和文化，对孔子的“礼”学思想影响很大。《史记·孔子世家》记载：“孔子为儿嬉戏，常陈俎豆，设礼容。”孔子小时候就有着和一般小孩的不同之处，他经常玩的游戏是把祭祀时存放供品用的方形和圆形俎豆等祭器摆列出来，练习磕头行礼。可见幼小的孔子就对“礼”产生了浓厚的兴趣。

孔子成年后，面对当时的社会形势，极力推崇西周的政治制度，力主复兴周公以来的礼乐制度，希望恢复被诸侯破坏的分封宗法制，使社会重新回到安定有序的状态。

周朝为了防范贵族诸侯造反，规定其城墙不得超过十八尺，但鲁国掌控国家大势的三位国相——“三桓”（季孙氏、孟孙氏、叔孙氏）的城邑，超过应有的规格。鲁定公十三年，孔子为鲁国的大司寇，他对鲁定公说：“臣无藏甲，大夫毋百雉之城，今三家过制，请损之。”在鲁定公的支持下，孔子派弟子子羔、子路等去实施这一计划。费邑季氏家臣公山不狃发动叛乱，攻进都城曲阜。孔子亲自率领诸弟子平乱，击败公山不狃的叛军。季氏费邑与叔氏郈邑的高城都被拆毁。但孟孙氏的家臣公敛处父反对拆毁孟家领地郕邑的城墙，孟氏也在暗中支持。鲁定公亲自前往征讨，围之不克。齐军出动到边境准备支援孟氏，迫使鲁君退军，堕三都的行动就此结束。

《论语·八佾》记载：“孔子谓季氏：‘八佾舞于庭，是可忍也，孰不可忍也？’”季氏是卿大夫阶层，按照周代礼制，在家庙进行祭祀之时，只能用四佾，但他却用八佾，这是一种破坏周礼等级秩序的僭越行为。孔子对于这些春秋时期礼崩乐坏的现象非常厌恶。“是可忍也”，这种事季氏犹可忍心为之，“孰不可忍也”，他还有何事不可忍心为之。孔子说过：“甚矣吾衰也！久矣吾不复梦见周公！”（《论语·述而》）可见他毕生都在为维护和恢复以周公为代表的周礼奔走呼喊。

和当时许多学派主张的“法制”相比，孔子更强调“礼制”的重要性。他说：“道之以政，齐之以刑，民免而无耻；道之以德，齐之以礼，有耻且格。”（《论语·为政》）是说如果仅仅用法令的手段来管理百姓，只是暂时压服，并不能让子民真正地内心顺服；而如果用“礼”加以规范引导，可以使百姓有廉耻之心，内心真正地归顺。

（二）礼的功用

孔子十分注重礼的作用。有一天，孔子独自站在庭院中，看见儿子孔鲤迈着小步恭敬地走过，便问他：“你学诗了吗？”孔鲤回答说：“没有。”孔子说：“不学诗，无以言。”于是孔鲤就回去认真地学习诗。过了几天，孔鲤从院里经过时又被孔子叫住，问：“你学礼了吗？”孔鲤说：“没有。”孔子又说：“不学礼，无以立。”于是，孔鲤就回去学“礼”。孔子认为在社会交往过程中，做人和做事方面，做不到礼的要求，就不能在社会上立足。可见他把礼放到了极其重要的位置上。后人在曲阜孔庙东路承圣门后建诗礼堂，以为学习诗礼之所。清初孔尚任曾在此向清康熙皇帝进讲过经书。

孔子思想的核心内容是“礼”与“仁”。“礼”在孔子思想体系中占有重要地位，体现了他的社会理想、教育思想和伦理观念。“礼”既是帮助个体克己以修心的一种道德规范，又是协调人际关系、稳定社会秩序的仪节形式。孔子根据西周礼制，集春秋礼说之大成，给“礼”注入了新的内涵。

在当时周王室威仪不再、诸侯割据的情况下，要想恢复周礼，采用强制性的手段已经不能奏效。于是孔子创造性地把“仁”和“礼”结合起来，丰富了“礼”的内涵。他提出“为政以德”“以礼治国”的思想，认为国家长治久安、社会和谐的最好方略是道德和礼教。这种治国方略普遍认为是“德治”或“礼治”。孔子阐述“仁”为“仁者爱人”，即要有爱心和同情心，“己所不欲，勿施于人”(《论语·卫灵公》)、“己欲立而立人，己欲达而达人”(《论语·雍也》)，体现了他将“仁”作为处理人与人之间关系的最高准则。他的“礼治”思想，在一定程度上就是对“仁”这一思想的社会秩序层面的规范。“仁”和“礼”在孔子的学说体系中都占有极其重要的位置。“仁”是政治、法律、道德、文化等观念的内在精神，“礼”则是这些内在精神价值的外在表现，通过一系列的规范仪式将“仁”体现出来。没有“仁”的“礼”就成了繁

孔庙诗礼堂（作者拍摄）

文缛节，是缺乏精神内核的空洞仪式。“礼”是根源于人的内心的“仁”而产生的外在的行为仪式。可以说两者是相辅相成，互为表里，缺一不可的。他说道：“人而不仁，如礼何？人而不仁，如乐何？”一个人没有做到“仁”，他怎么能符合“礼”的要求呢？在孔子看来，“礼”是实现“仁”的必要的方法。他的弟子颜回曾问他，礼的内涵是什么。孔子说：“克己复礼为仁。一日克己复礼，天下归仁焉。为仁由己，而由人乎哉？”孔子用“克己复礼”明确地回答了“仁”和“礼”的关系。他认为如果人人都用“礼”来约束自己的行为规范，就能达到“仁”的境界，进而实现社会和国家的长治久安。

孔子的“礼制”思想有两个重要原则，即“尊尊”和“亲亲”。就是按照社会等级，尊重应该尊重的人，亲近应该亲近的人。孔子认为“礼”不仅仅是一种治国策略，更应该形成一种道德力量，为社会成员所遵守。

在孔子的思想中，“君子”是其对于理想化人格的形容，也是他毕生追求的道德完人的境界。成为君子的基本要求就是要追求“仁”。“樊迟问仁。子曰：‘爱人。’问知，子曰：‘知人。’”（《论语·颜渊》）儒家非常强调修身。修身成仁的方法和途径就是“礼”。学礼有助于我们达到君子的要求，以礼正心、修身。孔子说：“君子义以为质，礼以行之，孙以出之，信以成之。君子哉！”（《论语·卫灵公》）君子的道义，就是以“仁”为本质，用谦逊的语言和真诚的态度，即用“礼”来实行它，做到这些才能称作真正的君子。君子的行为都要符合礼的规定。通过学礼可以提高人的行为修养，使人成为谦谦君子。由此孔子将“仁”和“礼”结合了起来。

孔子一生都在践行着他所追求的礼。《论语·乡党》记载孔子在本乡温和恭敬，像是不会说话的样子。但他在宗庙里、朝廷上，谨慎的同时却很善于言辞。《论语·乡党》记载：“朝，与下大夫言，侃侃如也；与上大夫言，訚訚如也。君在，踧踖如也，与与如也。”他上朝时，和不同身份的人谈话交流表现出不同的状态。同下大夫说话，有着温和愉悦的样子；同上大夫说话，表现出拘谨而中正的样子。看见国君到来，一副恭敬而仪态适中的样子。

孔子向我们示范了如何恰到好处地与别人讲话，在不同场合，言谈举止都非常符合礼的要求。面对不同身份的人，他充分顾及对方的身份，使对方不会感到不适。有一次孔子外出正好遇到下雨，但是他没有带伞。有人建议他向自己的学生子夏借伞，但他却没有这样做。他回答说："我不向子夏借伞，是因为子夏的性格比较吝啬。如果他不借给我，就会被别人说他不尊重师长，但是如果借给了我，他内心又不舒服。"在与别人的交往中，我们往往抓着别人的缺点不放，而孔子以实际行动告诉我们，要站在对方的角度去体谅别人的难处，要为别人着想。孔子的内心是这样想的，在行动上是这样做的，他对自己所宣讲的"礼"做到了表里如一。

《孔子家语》中记载了一个故事：

> 孔子之楚，而有渔者而献鱼焉，孔子不受。渔者曰："天暑市远，无所鬻也，思虑弃之粪壤，不如献之君子，故敢以进焉。"于是夫子再拜受之，使弟子扫地，将以享祭。门人曰："彼将弃之，而夫子以祭之，何也？"孔子曰："吾闻诸惜其腐餘，而欲以务施者，仁人之偶也。恶有受仁人之馈，而无祭者乎？"

孔子到楚国时遇到一位打鱼的人，他听说过孔子的名声，很想把鱼赠予孔子，孔子却不肯接受。渔夫说："天气热，市场又远，卖不掉，我想扔了可惜，不如献给'君子'。"孔子听到后对渔夫拜了又拜，收下了这些鱼。回去后让弟子们扫洒干净准备拿来祭祀。弟子说：“这些人家本想扔掉的东西，为什么老师用来祭祀？”孔子回答他：“我听说，怕食物变质而送给别人的人是有德之人。哪有接受了有德之人的赠礼而不祭祀的呢？”从这则故事可以看出，孔子非常尊重贤德，他又通过祭祀这一礼仪活动来表达自己对贤德的尊重。

在穿着方面孔子也是严格遵循礼的要求。《论语·乡党》有一段描述：

> 君子不以绀緅饰，红紫不以为亵服。当暑，袗絺绤，必表而出之。缁衣，羔裘；素衣，麑裘；黄衣，狐裘。亵裘长，短右袂。必有寝衣，长一身有半。狐貉之厚以居。去丧，无所不佩。非帷裳，必杀之。羔裘玄冠不以吊。吉月，必朝服而朝。

君子平时在家里穿的便服不用红紫色，因为红紫不是正色；便服镶边的颜色不用深青透红或黑中透红的颜色，因为这两种颜色分别是斋戒时的服装和丧服的颜色。夏天穿的葛布单衣要套在内衣外面，质地可以是粗的或细的。黑色的羔羊皮袍，配黑色的罩衣；白色的鹿皮袍，配白色的罩衣；黄色的狐皮袍，配黄色的罩衣。平常在家穿的皮袍做得长一些，右边的袖子短一些，这样方便做事。睡觉一定要有睡衣，要有一身半长。用狐貉的厚毛皮做坐垫。丧服期满，脱下丧服后，便佩带上各种各样的装饰品。如果不是用整幅布不加裁剪制作的上朝和祭祀时穿的礼服，一定要裁掉多余的布。不穿着黑色的羔羊皮袍和戴着黑色的帽子去吊丧。每月初一，一定要穿着礼服去朝拜君主。

由此可知君子的穿衣也要符合礼的要求。从服饰的颜色、在家的穿着、不同季节的配饰，到睡觉、上朝、祭祀时都有体现具体场景的搭配。孔子“齐，必有明衣，布。齐必变食，居必迁坐”。斋戒前沐浴后，要穿用布做的浴衣。斋戒的时候，要与平常的饮食不一样，居住处要搬移地方（不与妻妾同房）。“席不正，不坐。”生活上，“鱼馁而肉败，不食。色恶，不食。臭恶，不食。失饪，不食。不时，不食，割不正，不食。不得其酱，不食”。外出乘车，“升车，必正立，执绥。车中，不内顾，不疾言，不亲指”。《论语·乡党》记载:“见齐衰者，虽狎，必变；见冕者与瞽者，虽亵，必以貌。”也就是看到身着孝服的，即使平时和他关系很密切，也要改变容颜；见到戴着正式礼帽的人，虽然经常交往，也要表现出一定的礼貌。在他看来，这些人正在践行着他所推崇的礼，他也用礼来对待他们。

这些关于孔子在日常生活中种种守礼行为的记载，充分反映了孔子及其弟子对礼仪形式的重视。所以，一个人要想修身达到君子的完美人格境界，就应该在生活的方方面面以“礼”为准则，这也说明了礼对修身的重要作用。

“修身、齐家、治国、平天下”是儒家对传统知识分子的要求。礼，可以修身，也能治国。礼是为政之要，可治国安民。孔子主张以礼治国和以德治国，《论语·为政》有："为政以德，譬如北辰，居其所而众星共之"，"道之以政，齐之以刑，民免而无耻；道之以德，齐之以礼，有耻且格"。为政者，应该用"礼"来治理国家，而不是单纯用冷冰冰的法令。法令虽一时能迫使人们臣服，但是并不能够使他们真正心悦诚服。

当时的社会礼崩乐坏、"天下无道"，臣弑君的现象层出不穷，想要恢复正常的社会秩序，首先就要重新回归于礼。《论语·子路》："必也正名乎！"即君、臣、父、子都应该严格遵守自己的本分。孔子疾呼："名不正，则言不顺；言不顺，则事不成。"（《论语·子路》）孔子带领学生周游列国，宣扬自己的主张，希望国家和谐安定。《论语·学而》记载："礼之用，和为贵。先王之道，斯为美；小大由之。有所不行，知和而和，不以礼节之，亦不可行也。"要想人与人之间的关系和谐有序，就要用礼来进行节制。国君在对待臣子时要用礼。孔子说："能以礼让为国乎？何有？不能以礼让为国，如礼何？"（《论语·里仁》）孔子认为身为国君，不能仅凭法令来治理天下，必须要结合礼制，甚至要把礼制放到首位。《论语·八佾》中记载了定公问："君使臣，臣事君，如之何？"孔子说："君使臣以礼，臣事君以忠。"国君询问孔子君臣如何良好地共处，孔子告诉他以礼相待，这样君臣才能和谐相处，国家才能获得良性发展。

具体如何去实行礼治呢？在孔子看来其实很简单。正如齐景公问政于孔子时他的回答："君君，臣臣，父父，子子。"（《论语·颜渊》）在朝堂之上，君臣都要有规范的仪式，各自遵守自己的职权。君王以谦让垂范天下，"桃李不言，下自成蹊"，自然产生威仪；臣子安分守己，不僭越，做好自己的本职工作，正所谓"在其位，谋其政"。在家庭中，父慈子孝，家庭和睦。按照孔子的设想，这些安分守己、恭敬谦逊都是本心的自然流露，如果流于形式，也就失去了礼治的效果，最终导致礼崩乐坏的结局。在治国方面是否要采用武力，孔子也表达了自己的看法。《论语·卫灵公》："卫灵公问陈于孔子。孔子对曰：'俎豆之事，则尝闻之矣；军旅之事，未之学也。'明日遂行。"孔子认为应该用礼来治理而不是靠武力。用礼制来规范和协调君臣、父子的关系，是孔子反思周代以来逐步形成的社会政治秩序后做出的高度概括和总结。

虽然孔子的一生大都是颠沛流离，周游列国，"温温无所试，莫能己用"，但他的政治理想曾在鲁国有过一段时间的实践，并取得了良好的成效。鲁定公在位时，"孔子为中都宰，一年，四方皆则之。由中都宰为司空，由司空为大司寇"。孔子担任中都宰短短一年的政治实践，四处都来效法，说明他的政治理想被实践证明在当时的历史条件下是有可取之处的。成为大司寇之后的孔子在职权范围内进行了大刀阔斧的政策调整，使得鲁国上下重视礼乐教化，国势日益强盛。看到这种情景，齐国紧张起来，害怕鲁国强大危及自己的安全，于是有了著名的夹谷会盟。在会盟之前，孔子认为:“有文事者必有武备,有武事者必有文备。古者诸侯出疆,必具官以从。请具左、右司马。”于是根据古代礼仪,做了两手准备。齐景公的手下认为孔子懂礼少勇,想用武力劫持鲁侯以达到不可告人的目的。这一阴谋被孔子及时识破。到了夹谷,按诸侯会见礼,鲁定公与齐景公互相作揖登坛。在宴饮之礼完毕后,齐国一方准备了舞乐。孔子举袂而言曰:“吾两君为好会,夷狄之乐何为于此!请命有司!”孔子认为两国会盟,用夷狄的舞乐不合礼法。于是齐国改用“宫中之乐”。孔子又说道:“匹夫而营惑诸侯者罪当诛!请命有司!”齐景公大为惊恐,知道在礼仪上有亏。后来齐景公对臣子说:“鲁以君子之道辅其君,而子独以夷狄之道教寡人,使得罪于鲁君,为之奈何?”有司进对曰:“君子有过则谢以质,小人有过则谢以文。君若悼之,则谢以质。”(《史记·孔子世家》)孔子利用周礼对齐国进行了合理的反击,完成了修订盟书的任务,迫使齐景公归还了占领的鲁国领地。

孔子一直严格按照古礼的要求规范自己的言行,但并不是对古礼原封不动地照抄。在一些特殊情况下,他也会在吸收其合理成分的基础上对礼进行新的加工,有所增益,以适应时代的发展需要,赋予礼以新的生命。如孔子说:“麻冕,礼也;今也纯,俭,吾从众。”(《论语·子罕》)按照旧礼的规定,做礼帽需要用麻,但当时人大都开始使用纯丝,孔子也就没有坚持旧俗,而遵从了时人的做法。这表明孔子对礼是有变通的,并不是一味地强调遵守。

（三）孔子对礼的贡献

孔子对礼学的一大贡献首先在于他保存了中国上古时期大量的古礼。孔子生活的时代社会混乱，诸侯争霸，礼崩乐坏，一些学派开始反对礼义、批礼、毁礼，孔子对古代礼仪典籍进行了抢救、继承工作。孔子精心整理中国三代以来的文献典籍，对传承中国古代文化经典和学术思想做出了巨大贡献，这使得孔子成为中国文化史上承前启后的伟大人物。正所谓“天不生仲尼，万古长如夜”。在礼学著作方面，相传孔子曾参与了“三礼”的编纂。这些包括礼学资料在内的典籍，后来被陆续列为儒家十三经，对中国文化产生了不可估量的影响。

在孔子之前，礼更多的应用是祭祀神灵，有着浓厚的宗教意味，孔子将它逐渐地转移到了人际关系、道德伦理方面。《论语·先进》记载:“季路问事鬼神。子曰:‘未能事人，焉能事鬼？’曰:‘敢问死。’曰:‘未知生，焉知死？’”孔子认为礼的应用应该先解决生前的事情，明确了礼的首要作用。“礼”更应该关注的是人间的社会问题，关注现实生活，这就把周礼变成了现实生活中的伦理道德规范。孔子在一定程度上突破了“礼不下庶人”的等级限制。孔子创办私学，主张“有教无类”，招收不同出身的学生。不管人的出身如何，都有接受教育、学习礼乐的机会，都能学礼而成为君子、圣人。他提出:“先进于礼乐，野人也；后进于礼乐，君子也。如用之，则吾从先进。”（《论语·先进》）也就是如果要用人才，孔子主张优先选用学习礼乐的人。孔子的这些做法促进了礼在民间的发展，逐渐使中华民族成为注重礼仪的民族。

孔子之后，历代对孔子日渐推崇，终于把他推到中国传统文化的代表这一至高无上的地位。人们称他为万世师表，文人都以孔门子弟身份自居。历代学者对孔子礼学思想进行了传承，并发扬光大。这些影响了每一个中国人，也塑造了中国人的民族性格。

三、孟子以“仁政”为核心的“礼”

孟子，世称“亚圣”。他出生在距孔子去世后一百多年的战国时期，当时各诸侯国之间还在不断地征战。孟子对当时社会流传的各种思潮持一种批判态度。他也像孔子一样，游历了齐、宋、滕、魏、鲁等不少国家，曾担任齐宣王客卿。孟子游历这些国家的目的是为了宣传他的仁政。从《孟子》一书中能够了解到，他从孔子的思想中继承的主要是孔子的“仁学”，后来形成了他的“仁政”主张。

提到孟子礼学思想的渊源，便不能不提孟母的教育和孟子的师承关系。孟子幼年的时候，他母亲对他进行了苦心孤诣的教育。《列女传》《韩诗外传》等古籍都有关于孟母教子的记载，孟母三迁、断织教子、杀豚、孟子去妻等故事已经广为流传。

孟子小时候，居住的地方离墓地很近，孟子受周围环境影响，学会了丧葬、痛哭这类事。孟母认为，这个地方不适合孩子居住，就将家搬到街上闹市处，离杀猪宰羊的地方很近，孟子又学了些做买卖和屠杀的技能。孟母感觉，这个地方还是不适合孩子居住，于是将家搬到学校旁边。夏历每月初一这一天，官员进入文庙，行礼跪拜，揖让进退，孟子见了，一一记住。孟母认为，这才是孩子居住的地方，就在这里定居下来了。

这是"孟母三迁"的故事，说的是要重视社会环境对教育的影响。孟母为了给孟子创造良好的学习环境，曾经三次更换居住的地方，最终让孟子"其嬉戏乃设俎豆，揖让进退"，而这些恰恰是礼的内容，这是孟子学礼的开始。从某种程度上可以说，孟母的教育为日后孟子学礼打下了良好的基础。

后世常常将子思学派和孟子学派并称为思孟学派。据说孟子曾受业于子思的门人，所以在思想上孟子和子思有着较为密切的联系。孟子在齐国的时候有机会与当时各家学派的代表人物进行交流和论辩，在"百家争鸣"中进一步继承和发展了儒家的政治学术思想。

孟子对孔子的礼学思想进行了继承和发展，其礼学主要是为其"仁政"学说做思想支撑。尽管如此，他对"礼"仍然有重要的贡献。

在《孟子·公孙丑上》中，他指出："恻隐之心，仁之端也；羞恶之心，义之端也；辞让之心，礼之端也；是非之心，智之端也。人之有是四端也，犹其有四体也。"人都有恻隐、羞恶、辞让、是非之心，无此四心乃非人。由此可知，作为礼之端的是非之心是人本就有的。因此，“礼”也发源于人的内心，“君子所性，仁义礼智根于心”(《孟子·尽心上》)。

孟子的核心主张是“仁政”，他认为，“礼”是为国家、政治服务的，是实现“仁政”的重要手段。“礼”对于国家是非常重要的，关乎国家存亡。《孟子·离娄上》认为城墙不坚固、兵甲不充分、田野不垦辟、物资不富裕，算不上国家的灾害；但若是统治者缺少礼义，人们没有教养，不轨之民猖獗，国家就快沦丧了。也就是“上无礼，下无学，贼民兴，丧无日矣”。他还在《孟子·万章下》介绍了周朝排定官爵和俸禄等级制度的具体礼制内容。

孟子认为人们的行为要符合礼的要求。公行子儿子去世，右师去吊唁。他一进门，就有人上前和他说话；他坐下后，又有人走近他的座位和他说话。孟子没有与他说话，他不高兴了，说：“各位大夫都和我说话，只有孟子不和我说话，这是怠慢我哪。”孟子听说后说：“依礼节，在朝廷中，谈话不能越位，作揖也不能越过石阶。我依礼而行，子敖却以为我怠慢了他，这不很奇怪吗？”由此可知，孟子在与人交往中非常注重礼节。他在《孟子·万章下》中论述了关于“士”的礼。万章问士为何不像寓公那样靠诸侯生活。孟子解释说，他们不敢如此，诸侯失去了国家，然后才在他国做寓公，这是合于礼的；士的身份和地位做寓公，是不合于礼的。万章说：“君主如果送给他谷米，那接受吗？”孟子说：“接受。”万章问为何接受，孟子答道：“君主对于流亡者，本来就可以周济他。”万章又问：“周济他，就接受；赐予他，就不接受，为什么呢？”答道：“不敢啊。”问道：“请问，不敢接受，又是为什么呢？”答道：“守门打更的人都有一定的职务，因而接受上面的给养。没有一定的职务，却接受上面的赐予的，这被认为是不恭敬的。”万章又问是否可经常接受君王馈赠，孟子答道：“鲁缪公对子思就是屡次问候，屡次送给他肉物，子思很不高兴。终于，子思把来人赶出大门，自己朝北面磕头作揖拒绝了，说：‘今天才知道君主把我当犬马一样蓄养。’大概从此鲁缪公才不给子思送礼物了。赏识贤人却不能重用，又不能合适地照料生活，这能说是赏识贤人吗？”“怎样算是合适地照料生活呢？”孟子答道：“把君主的旨意传达给他，他作揖磕头接受。然后管理仓库的人经常送来谷米，掌管膳食的人经常送来肉食，这些都不用陈述君主的旨意，接受者也不用作揖磕头。子思认为，为一点点食物就使自己屡次作揖行礼，这不是照料君子的合适方式。尧让自己的九个儿子向舜学习，把两个女儿嫁给他，并给予官吏、仓廪、牛羊等，使舜得到周到的照料，然后再提拔他。所以说，这是王公尊敬贤者符合礼的范例。”

在日常起居中，中国古人也非常讲究，孟子也不例外。《韩诗外传》孟子欲休妻的故事说明了孟子对礼仪的讲究与要求。孟子的妻子独自一人在屋里，伸开两腿坐在地上。孟子进屋看见妻子这个样子，就向母亲说：“我的妻子不讲礼仪，请准许我把她休了。”孟母问原因。孟子说：“她踞坐在地上。”孟母问：“你怎么知道的？”孟子说：“我亲眼看见的。”孟母说：“这是你不讲礼仪，不是妇人不讲礼仪。《礼》中说，将要进门的时候，必须先问屋里谁在里面；将要进入厅堂的时候，必须先高声传扬，让里面的人知道；将进屋的时候，必须眼往下看，以防别人无准备。而今你到妻子闲居休息的地方去，进屋没有声响人家不知道，因而让你看到了她蹲坐在地上的样子。这是你不讲礼仪，而不是你的妻子不讲礼仪。”孟子听了母亲的教导后，认识到自己错了，再也不敢讲休妻的事了。古人唯一正规的坐姿就是跪坐，也叫正坐，席地而坐，臀部放于脚踝，上身挺直，双手放于膝上目不斜视，气质端庄大方，此姿势表示对对方的尊敬。有时为了表示郑重，臀部离开脚跟，叫长跪。因此，孟子看到妻子踞坐才会有休妻的想法。

孟子认为在严格遵守礼的要求的同时，也要注意灵活运用，注意权变，不可死板。如在遇到嫂嫂溺水的问题时，对于男女授受不亲的礼制要灵活运用。男女授受不亲，这是正常情况下的礼制。嫂嫂掉进水里，用手去拉她这是变通的办法。嫂嫂掉进水里，不去拉她，与豺狼无异。

“礼”是君子同一般人的区别之一。《孟子·离娄下》认为“君子所以异于人者，以其存心也。君子以仁存心，以礼存心。仁者爱人，有礼者敬人”。君子之所以和普通人不一样，是因为君子常存仁心，存“礼心”。君子“非仁无为也，非礼无行也”。君子不仁义的事不干，不合礼节的事不做，即使有突发的忧患，也不会痛苦。

在日常交往中，要有恭敬的态度，这样才合礼。保持恭敬的态度就要“其交也以道，其接也以礼”。孟子认为一再拒绝人家的礼物是不恭敬的。因为尊者有所赐予，你若再思考这礼物是否合于义然后才选择接受，这是不恭敬的，因此不拒绝是合于礼的。万章反问说：“不用言辞拒绝他的礼物，用心来拒绝，心里认为‘这是他取自百姓的不义之财呀’，再用托词来拒绝，难道不可以吗？”孟子说：“依规矩交往，依礼节接触，这样，孔子都会接受礼物的。”

“礼”之于孟子，已经变为内在的要求，是其思想中不自觉的一部分。由孔子倡导的“克己复礼”发展为“君子所性，仁义礼智根于心”。《孟子·离娄下》记载：“非礼之礼，非义之义，大人弗为。”不合礼制的礼，不合正义的义，有德行的人是不去做的，礼制成为由内而外的自觉行为。同时，“礼”也是其实现仁政主张的重要法门。若人人按照礼的要求来交往处事，讲究仁义，那么仁政也会实现。

四、荀子隆“礼”

荀子（约前313—前238），名况，字卿，战国末期人。著名思想家、文学家、政治家，被时人尊称为“荀卿”。他最初游学于齐国，到襄王时代“最为老师”，曾三次出任齐国稷下学宫的祭酒。祭酒在古代是一个礼官官职，最初主要负责国家的祭祀或飨宴时酹酒祭神，后来也泛称学术界、文化界的领袖人物。荀子担任此官职，可以看出他的礼学成就得到了当时学术界的认可。荀子传道授业，培养了许多后来留名史册的人物，如战国末期两位著名的思想家、政治家韩非和李斯，都出自荀子门下。

荀子是先秦最后一位儒学大师，他的思想，在中国传统思想文化发展的链条上，是不可逾越的重要一环。“礼”是荀子思想体系中的重要组成部分，在荀子哲学中处于核心地位，荀子的全部学说，几乎都是围绕“礼”展开的。他的思想对中国传统社会的礼治模式产生了深远的影响。

荀子在礼学方面有很大的建树，有大量关于礼的论述。他的礼学思想体系主要由礼的起源、礼的实质以及礼的功用三部分构成。很显然他回答了“礼从哪儿来？礼是什么？礼有什么用？”这三方面的问题。

荀子阐述了“礼”的起源。荀子主张性恶论，认为人的本性具有恶的道德价值。他说：“好恶、喜怒、哀乐臧焉，夫是之谓天情。”（《荀子·天论》）“人生而有欲，欲而不得，则不能无求。”（《荀子·礼论》）人生下来就会有欲望，如果这个欲望不能得到满足，就会去索取。一旦人类在索取的过程中没有了分寸，放纵自己的欲望，财物也不能满足所需，就会引发争夺，争夺就会发生混乱，混乱就导致贫穷。如何防止这种失控局面的出现呢？荀子说：“先王恶其乱也，故制礼义以分之，以养人之欲，给人之求。”（《荀子·礼论》）即把人性的欲望控制在一定的范围内，建立一定的规范、制度——即“礼”或“礼义”，以礼来节制，通过教育把人的恶性转变成善性。这就是荀子主张的礼的起源。在荀子看来，“礼”是为了调节人天生的欲望，避免纷乱而产生的。礼的存在是必要的、合理的，是社会生活的需要。

礼是如何规范社会秩序的，荀子说：“故先王案为之制礼义以分之，使有贵贱之等，长幼之差，知愚、能不能之分，皆使人载其事而各得其宜，然后使悫禄多少厚薄之称，是夫群居和一之道也。”（《荀子·荣辱》）他认为，礼仪制定之后，人有了贵贱的高低，长幼的差别，有聪明、愚鲁、有才能、没有才能的区别。这些人都能够在礼的要求下各得其所，各司其职，社会就会趋于稳定有序。

什么是礼？荀子认为：“故礼者，养也。”（《荀子·礼论》）礼就是“养”。他用具体的事物来形容“养”这个概念。肉食饭菜，五味调和，满足人的口腹之欲；香草香木，调养人的鼻子；雕镂刻画，色彩缤纷，调养人的眼睛；钟鼓之声、琴瑟歌舞，满足人的耳朵。礼就和这些事物一样是用来养人的，实现“养人之欲，给人之求”。人生活的世界，天地君亲师，都离不开礼。荀子提出了“礼有三本”的观点。他说：“礼有三本：天地者，生之本也；先祖者，类之本也；君师者，治之本也。无天地恶生？无先祖恶出？无君师恶治？三者偏亡焉，无安人。故礼上事天，下事地，尊先祖而隆君师，是礼之三本也。”（《荀子·礼论》）天地是万物生存的根本，祖先是宗族伦理的根本，君王和师长是社会安定有序的根本。既然一个人一生都离不开这“三本”，就要用礼来对其表达敬畏之心。这就是礼的根本。

荀子认为礼的内容还有“别”。什么是“别”呢？荀子这样说明：“贵贱有等，长幼有差，贫富轻重皆有称者也。”（《荀子·礼论》）人有贵贱尊卑的差别，就需要礼来确定等级秩序，将人内心的欲望情感与礼义协调统一，这样社会各个阶层才能安定有序，使“贵贱有等，长幼有差，贫富轻重皆有称”。“辨莫大于分，分莫大于礼”（《荀子·非相》），人与人之间虽然存在等级名分，但人之“辨”的最终依据仍然离不开礼。在荀子看来，礼是人作为社会意义的人的本质内涵，是“人道之极也”。

礼有何重要作用？在荀子的思想体系中，礼占据着极其重要的位置，进而发展为“礼治”。荀子说：“人无礼则不生，事无礼则不成，国家无礼则不宁。”（《荀子·修身》）如果没有礼的规范，人就无法在社会上立足，做事就不会顺利，国家就会发生混乱。从个人层面来讲，礼对于个体的修身、正心、行为规范有着极其重要的指导性作用。“礼者，人之所履也，失所履，必颠蹶陷溺。所失微而其为乱大者，礼也。”（《荀子·大略》）一个人如果失去了礼的指导，就会陷入错误之中。一个读书人的终极学习目标就是达到礼的境界。他说：“其数则始乎诵经，终乎读礼；其义则始乎为士，终乎为圣人。”（《荀子·劝学》）在他看来学习的意义是要做圣人，而读礼则是成为圣人的重要标志。从国家层面来讲，礼既是立国之本，又是为政之纲。在荀子看来，治国莫若礼。“礼者，政之挽也。为政不以礼，政不行矣。”（《荀子·大略》）礼，是政治的指导原则。处理政事不用礼，政令就不能实行。荀子强调国家政治生活必须“以礼为表”，把“礼”作为衡量一切的标准。他说：“礼之于正国家也，如权衡之于轻重也。”

荀子由性恶论出发，论证了“礼”与“法”的关系。因为人性本恶，所以要建立礼义、法度，使人性归善。《荀子·强国》载：“君人者隆礼尊贤而王，重法爱民而霸。”统治人民的君主，崇尚礼义尊重贤人就能称王天下，注重法治爱护人民就能称霸诸侯。礼与法相互配合取长补短，才能够“王天下”“霸诸侯”。《荀子·性恶》认为：“今人之性恶，必将待师法然后正，得礼义然后治。今人无师法则偏险而不正，无礼义则悖乱而不治。”人的本性邪恶，一定要依靠师长和法度的教化然后才能端正，要得到礼义的引导才能安定。如今，人没有师长和法度，就会偏邪险恶而不端正；没有礼仪，就会叛逆作乱而不守秩序。所以为了建立安定的社会秩序，圣人制定了礼义、法度“化性起伪”来矫正和约束人性，克服人性中的恶。圣王的治理就是用礼义教化人们，用法度约束人们，通过加重刑罚来禁止人们违法乱纪，从而达到人民善良、社会安定的目的。荀子还认为虽然人性本恶，但是人人有成为圣人的条件。圣人之所以成为圣人，主要是他能够实行仁义法度。而仁义法度是可以被普通人理解和做到的，所以普通人积累仁义法度就能成为圣人。

荀子是在周公制礼、孔子复礼之后，中国礼学发展史上又一重要人物。他深化了礼的理论，认为“师者，所以正礼也”，强调师者在“隆礼”方面的重要性。他论述了“礼”与“法”的关系，认为二者相互补充，是达到王道治世不可缺少的途径。他扩充了礼的范围，更新了礼的内容，力图建立一个更合“礼”的新秩序，以符合当时社会发展的需要。他“隆礼重法”“援法入礼”，将礼法结合，成为后世统治者治理国家的重要手段。

第六章

两汉礼制的确立

春秋战国诸侯纷争的分裂局面，在秦始皇“一扫六合”的军事席卷之下归于统一。始皇帝建立了统一的中央集权制国家，开启了中国古代两千多年的皇帝专制制度。礼的发展也因此进入了一个新的阶段。

一般人认为，秦朝是以法家思想治国，摒弃儒家，认为秦朝只有法没有礼。秦始皇重用韩非的法家学说，重用李斯等法家人士，焚书坑儒，推行极端的法制方略。秦朝是个短命的王朝。所以从汉代开始，人们便开始认为秦的“仁义不施”、不行礼政，是秦“二世而亡”的重要原因。其实这些说法并不符合史实。从广义上说，秦始皇推行的以郡县制为基础的中央集权制以及与其相配套的皇帝制度、官僚制度和统一货币、度量衡的措施，本身就是帝国的“礼”，并由此缔造和构筑了以后两千多年的中国礼制的基础。这个“礼”是经过改造的，不同于先秦时期儒家所倡导的周礼。其次，秦朝虽然彻底破除了宗法分封制度，建立起以非血缘纽带为基础的郡县制度，但是宗法思想并没有从人们心中消除，社会上依然存在着尊卑等级制度。秦朝有时还十分重视礼仪和礼制的作用。

秦末陈胜吴广首义，刘邦在战乱中势力逐渐强大，最终赢得了楚汉之争的胜利，建立了汉朝，由此开启了中国礼学发展的一个新时期。经过两汉四百多年的时间，儒家的礼制思想和中国礼文化逐渐走向系统化和成熟化，逐渐形成了古代中国礼法结合的综合国家治理模式。

这一时期也是三礼学形成并快速发展的时期。三礼学在两汉时期大致经历了三个阶段。第一阶段为汉初至宣帝时期。在此阶段，叔孙通综合先前各种礼制，制定汉仪。第二阶段为元帝至西汉末年。从汉元帝开始，掀起了恢复“旧礼”的浪潮。一部重要的礼学书籍《礼记》编纂成书，和《周礼》《仪礼》一起并称“三礼之学”。“三礼”的整理和注释，进一步将礼学系统化、规范化。第三阶段为东汉时期。在此时期，统治者更加注重儒学，儒家思想的统治地位得到进一步发展巩固。东汉经学家郑玄破除经学的门户之见，博采众长，编注群经，其“三礼注”可谓礼学之集大成。

一、汉初礼制的草创

汉王刘邦，在定陶被诸侯尊为皇帝。汉并天下后，刘邦下令废除秦的礼仪，采用了比较简易的规范。刘邦起义时，跟随他的部下大都出身卑微。刘邦本人出身农家，曾担任沛县泗水亭长，这一官职相当于今天的派出所所长。樊哙曾从事屠狗，灌婴贩卖丝织品，周勃是编席子的，萧何社会地位稍微高，是一名县吏。这些人在礼仪方面都不讲究。据传，有一次刘邦组织酒宴，酒过三巡，醉意微醺，这帮臣子各种仪态毕露，相互争论在统一天下中的个人功绩，有的大声喊叫，甚至有人挥剑乱刺，毫无君臣之礼。对此刘邦非常苦恼，苦苦思索如何设计一套仪式，既能不失曾和众人一起拼搏打天下的情谊，又能体现出君王至高无上的威仪。

当得知刘邦因为朝廷礼制问题而苦恼时，叔孙通毛遂自荐，为汉王制定朝仪。叔孙通，薛县人（今山东省滕州市），是秦二世时博士。秦末天下大乱，他离开秦都咸阳，逃回薛城旧地，归附于当时在薛城的项梁。项梁兵败后，他又留项羽军中。汉高祖二年（前205），他又转投汉军，并举荐勇武之士为汉争取天下。汉王封他为博士，号稷嗣君。叔孙通为人处世比较灵活变通，先前刘邦很讨厌儒生，和儒生说话时经常连正眼都不瞧，非常怠慢，甚至把儒生的帽子当作尿壶。叔孙通为了迎合刘邦，换掉了儒生服装。叔孙通说：“礼者，因时世人情为之节文者也。”（《史记·刘敬叔孙通列传》）从而打消了刘邦对朝仪太繁琐的顾虑。叔孙通的话也体现了礼的一个重要特征，即礼会随着历史社会状态的变化而做出相应的变通，礼的制定应该适应新的环境，并不是一成不变的。

叔孙通召集了几十名儒生，采用古礼并参照秦的仪法，为新生王朝制定朝仪，并不断地进行彩排演练修正。汉高祖七年，叔孙通制礼完成。新的朝仪在新建成的长乐宫举行，各路诸侯、大臣都来朝拜参加这场旷世大典。天刚亮时，典礼开始。在专门的司仪主持指引下，文武百官按照等级有序地进入宫门。为了烘托气氛，道路两边设置了战车、兵器以及士兵、侍卫。在礼官的口令指挥下，群臣各就其位，按文左武右的方向分列大殿台阶两侧。皇帝在侍者的簇拥下乘辇出宫门，来到大殿。百官向皇帝行礼。这一套朝仪简明易行，效果非常明显，很多大臣都被这阵势所震撼而肃然起敬，都显得毕恭毕敬，甚至没有敢大声说话的，先前那种混乱的场面再也没有了。这个朝仪深得刘邦的欢心，事后刘邦兴奋地说道："吾乃今日知为皇帝之贵也。"（《史记·刘敬孙叔通列传》）从此对儒生和儒家思想的看法也有所改变，还曾亲自莅临曲阜祭祀孔子，为以后君王尊孔开了先河。

君王举行盛大仪式的典礼活动，一方面是为强化皇权，增强统治合理性，另一方面是为了明确君臣的尊卑等级关系。后世历代王朝对国家典礼都非常重视，制定各式各样的礼仪活动，为加强集权服务。可以说，刘邦时期叔孙通制礼在历史上的影响深远。这一时期可谓是汉代礼制的草创时期。汉代秦而立，皇权的权威和政权的合法性不仅需要用国家政权的强制力来加以保障，更需要在意识形态上加以确认和宣扬。成为统治阶层后，刘邦统治集团越来越认识到，礼制具有提供统治根据、提高君主地位、提升政权合法性的政治功能。[1]

到了汉文帝之时，因为统治者继续实行高祖刘邦休养生息的治国策略，注重农桑，进一步减轻人民徭役负担，社会经济持续发展，国家综合国力也在稳步增长。与此同时，社会也出现了父子相残、盗贼出没等各种社会问题。贾谊曾向文帝指出问题所在，并指出是因为汉朝废除了礼，才导致了人心不古。要想解决这些问题，仅仅依靠法令是不可行的，必须还要“兴礼乐”，才能使君臣有序，百姓安居乐业。皇帝欣然接受了他的建议，准备让他创制礼乐，但由于贾谊政敌的反对，最终不了了之。这时候国家和社会都需要一套完整的礼仪制度来规范秩序，使国家运行在良性发展的轨道上。

到汉武帝时期，以汉武帝为核心的汉朝统治集团通过政治、经济、思想、军事等方面的一系列变革和举措，使西汉政权进入了鼎盛时期，君主权威得到了强化，大一统的局面得以形成。作为政治文化模式的礼制必然要随政体的推演而变化转制，更好地将汉帝国君主至上权威及政权正统性深入到社会生活的各个层面。汉武帝接受了董仲舒“罢黜百家，独尊儒术”的建议，放弃了汉初以来几代皇帝实行的黄老之学，把儒家学说立为正统思想。儒家的“忠君守礼”思想成为大一统王朝的精神支柱，礼学也迎来了新的历史发展阶段。汉武帝时期，国家创立了天神祭祀系统，举行过多次封禅大典等礼仪活动，以突出皇权至高无上的特征和

1 / 参见张爽:《两汉礼制及其推行》，东北师范大学2005年硕士论文。

大一统的政治格局。

封禅礼是中国古代君王在一座重要山岳（一般是泰山）举行的祭天地神、报天地之功的一项重要祭祀礼仪。历史上不是每一位帝王都有封禅的资格，进行封禅的帝王不仅仅是“受命”，还要有功、有德，封禅应在国家太平盛世或者天降祥瑞时进行。据传，最早封禅泰山的帝王是秦始皇。秦始皇刻石记述秦的功德，并开创了封禅礼制。汉武帝曾五次到泰山举行封禅仪式。虽然朝内对于汉武帝封禅多有微辞，但汉武帝自命非凡，力排众议率群臣东巡泰山，进行了一系列的封禅仪式。汉武帝封禅，曾展开了在山顶立石，建封坛，埋玉牒书，登泰山，行登封礼，祭后土，改年号等一系列相关礼仪活动。

汉成帝时，犍为郡发现了十六枚古磬。在古人看来，这是天降祥瑞，预示着国家会有大事发生。刘向听说这个情况，就趁机向成帝建议国家重新设立辟雍，在地方设立庠序，也就是学校。在学校里教授礼乐，来教化天下。他认为：“礼以养人为本，如有过差，是过而养人也。”（《汉书·礼乐志》）治理国家应该主要靠礼，刑法是起辅助作用的。汉朝统治者吸取了秦朝速亡的教训，也认识到仅仅通过刑罚来约束人们，得到的只是暂时表面上的服从，并不能从根本上收服人心。成帝让大臣讨论这些言论，后来就设立了辟雍。可以看出，西汉对于礼制是越来越重视的，逐渐形成了“以礼治国”的基本政治理念。

二、后汉“礼”的复古

西汉后期，王莽专权，他积极恢复周礼，采用旧制，这实际上成为其篡汉立新的理论工具。通过这些活动，王莽顺应礼制复古的趋势，强化自己的权力，最终夺取了政权，建立新朝。新莽时期，王莽利用《周礼》等对国家政治制度进行了大规模的改造，导致政局动荡，社会矛盾突出。这一时期，礼制发展的最大特色就是复古。

王莽的复古政策与当时的社会状况严重不适应，激起了朝廷内外的激烈反对。在混乱的社会局势下，刘氏皇族后裔刘秀在混战中崛起，轰轰烈烈，白手起家，创建了一个新的王朝，即东汉。刘秀就是光武帝。刘秀执政后，采取了一系列措施稳定社会局面，恢复被破坏的礼法，对西汉的礼制基本继承下来，使得社会安定，政治教化清明，史称“光武中兴”。当时社会上出现了很多谶纬之书，传言刘秀是赤帝子化身，宣扬刘秀有资格也有必要上泰山封禅。在强大的舆论宣传之下，刘秀从洛阳出发，展开一系列礼仪活动。他先到曲阜祭祀孔子，到孔子旧宅赏赐孔子后裔，后到泰山封禅纪功德。这次泰山封禅，规模宏大，程序繁多。刘秀这些礼仪活动，一方面是为了批判王莽对祖宗之法的破坏，宣扬自己继承大统的合理性，另一方面也是为自己即将而来的新政理念做舆论宣传。

我们通过《后汉书》中刘秀的一次祭天仪式可以窥探当时对

礼乐的重视程度。光武帝二年正月，在雒阳城南七里举行仪式。礼典现场设置了坛，“为圆坛八陛，中又为重坛，天地位其上，皆南乡，西上”。坛外面设有五帝的神位：“青帝位在甲寅之地，赤帝位在丙巳之地，黄帝位在丁未之地，白帝位在庚申之地，黑帝位在壬亥之地。”(《后汉书·祭祀上》）再往外为壝，即祭坛四周的围墙，紫色，上面留有四个通道，当作门。配上日、月、北斗，分别在东、西、北三个方向。在这些礼典的“八陛”“五帝”“壝”“门”等又安排数量不等的礼仪和神祇。从这一项我们就可以了解到当时礼仪的复杂性。

东汉时期的礼制有着浓厚的谶纬学色彩。谶纬之学与当时的制礼活动互为表里、相互渗透。谶纬之学在此时越来越流行，一度成为统治者用来维护统治的工具，被光武帝奉为“国宪”。谶纬之学是秦汉间符应之说与经学神学化相杂糅的产物。它起于西汉后期哀平之际，成为王莽篡汉的政治工具，两汉之际谶纬之学被刘秀巧妙利用，为其在政治舆论上压倒群雄、建立东汉政权发挥了重要作用。东汉建立之后，谶纬之学遂成为官方意识形态的重要组成部分，不可避免地对此时期礼制的创建产生重要影响。

还有一点值得说明的是，汉代的皇帝大都尊敬师长，对礼仪非常重视。汉明帝刘庄做太子时，博士桓荣是他的老师，后来他继位做了皇帝，“犹尊桓荣以师礼”。他曾亲自到太常府去，让桓荣坐东面，设置几杖，像当年讲学一样，聆听老师的指教。他还召集朝中百官和桓荣的学生，向桓荣行弟子礼。桓荣生病时，明帝专门派人探望慰问。每次探望老师，明帝都是一进街口便下车步行前往，以表尊敬。当朝皇帝对桓荣如此，所以“诸侯、将军、大夫问疾者，不敢复乘车到门，皆拜床下”。桓荣去世时，明帝还换上礼服，亲自致哀为其送葬，并将其子女做了妥善安排。桓荣曾进言建议设立辟雍、明堂等，对礼制建设起了一定的作用。

两汉时期，儒学逐步被确立为国家正统，儒家思想的统治地位得到进一步巩固。作为儒家基本内核的“礼”，在这一时期备受关注。儒家经典上升到极其重要的位置，成为人们评价衡量一个国家和个人是否符合“礼”的要求的准则 。经过历代儒生的宣传，“三纲五常”成为中国封建礼制、礼教的核心，成为传统社会伦理规范的最高标准。

三、两汉三礼学的发展

西汉初期，在礼学著作方面，当时社会上流传的仅有《仪礼》一书，对于天下大一统的汉帝国来说，想要通过礼制管理国家，显然在文献支撑上是不够用的。于是许多儒士或亲自撰写，或整理旧籍，礼学文献纷纷涌现，为中央王朝建立一整套朝政礼仪提供了理论支撑。戴圣根据社会上流传的各种礼学资料，汇编成一部《礼记》。西汉末年，经过刘向、刘歆父子的整理，《周礼》一书得以重现。该书迅速成为当时士子的研究对象，并用来进行礼制建设，对礼学发展起到了巨大作用。两汉时期，大量学者通过对“三礼”的整理、注解，进一步将礼学系统化、规范化。

（一）“三礼”的流传情况

1.《仪礼》的传承

根据《汉书·儒林传》和《后汉书·儒林传》的记载，我们可以大致还原出汉初礼学的传授情况。汉初高堂生传授《士礼》十七篇给瑕丘人萧奋，萧奋又传授给东海郡人孟卿，孟卿再传给东海郯县人后苍（后仓），后苍传授给沛闻人通汉子方、庆普和梁人戴德、戴圣。戴德所传称大戴《礼》，授徐良，由是大戴《礼》有徐氏学；戴圣所传称小戴《礼》，再授桥仁、杨荣，由是小戴《礼》有桥、杨氏学；庆普授夏侯敬、族子咸，由是有庆氏学。当时大、小戴和庆普之学的影响较大，号称《仪礼》“三家之学”。三家之学在汉宣帝时都立于学官，设博士。“三礼”之中，《仪礼》最早入学官，成为当时的五经之一。

庆氏礼学在东汉时期可以考知的学者有曹充和曹褒。《后汉书·张曹郑列传》载：“父充，持《庆氏礼》，建武中为博士，从巡狩岱宗，定封禅礼。”曹充传《庆氏礼》于其子曹褒。《曹褒传》曰：“（褒）传《礼记》四十九篇，教授诸生千余人。”

沈文倬先生在《从汉初今文经的形成说到两汉今文〈礼〉的传授》一文详细考证了汉初今文经的形成过程和今文《礼》的传授源流。他认为两汉礼学传授分为三个阶段：第一阶段是高堂生在民间讲学时期；第二阶段是两汉礼学的全盛时期，以后苍为中心人物；第三阶段是庆氏礼的兴起。

一般认为礼学博士的首次设立是在汉武帝时期。在汉武帝之前，曾有博士解读逸《礼》(即《仪礼》)。汉武帝建元五年（前136)，设置《易》《诗》《书》《礼》《春秋》五经博士，此时礼宗后苍。宣帝之时，博士增加到十二人。《汉书·艺文志》记载："讫孝宣世，后苍最明。戴德、戴圣、庆普皆其弟子，三家立于学官。"此时《礼》分为戴德、戴圣、庆普三家。平帝时开始设立《逸礼》博士[1]，此时《礼》有两家，即大、小戴《礼》。

2.《周礼》的传承

西汉后期，士人对《周礼》的研究推动了该时期的复古思潮。据传《周礼》一书是在汉武帝时期被发现的，但是此书一经发现，立即被藏之秘府，并没有在社会上流传。

到了汉成帝时期，朝廷开始组织学者对国家书库的文献展开大规模的整理工作。主持这项大型国家文化工程的是刘向、刘歆父子。刘向在国家图书馆进行图书整理工作时，发现了《周礼》这本书，他边整理边进行校对，并把它记载到自己的一部书《别录》之中。这一看似平常的举动，却保留了他对《周礼》一书的分类、源流、错讹辨证等重要的学术信息，为后世学者包括他的儿子刘歆研究《周礼》提供了便利。刘向死后，他的儿子刘歆接替他未竟的校书工作。他将刘向的《别录》

1 /《汉书·儒林传》："平帝时，又立《左氏春秋》、《毛诗》、《逸礼》、《古文尚书》。"

继续修订整理成《七略》，当然关于《周礼》的研究成果也随之被保留下来。于是，尘封已久的《周礼》，在这时又重新出现在了广大儒生的面前。似乎新生事物总会受到怀疑与排斥，《周礼》一出，就遭到了当时由今文经学占据主导地位的学术界的猛烈抨击，认为此书荒诞不经，乃叛经离道之书。面对这些质疑，刘向奋笔疾书，挥毫写下《移让太常博士书》一文。此文言辞犀利，对当时今文学派的保守残缺、固守偏见进行了猛烈抨击，在当时的学术界引发了巨大的争议。很快，刘歆淡出了政治舞台，被迫"告病辞官"。[1]

王莽当政时，因早年与刘歆有旧，二人感情甚笃，王莽便命其"典文章"，即负责掌管朝廷礼乐和典章制度，刘歆因此得以重回朝廷权力核心。王莽深信儒家思想，通过制礼作乐，对当时社会进行了大刀阔斧的改革，其改革的理论来源就是这本《周礼》。根据《周礼》，王莽制定了一系列措施，但这些政策大都为了求名目而设计，并不符合真实的历史情况。《王莽传》中记载王莽曾召集天下精通《逸礼》《毛诗》《周官》等学问的儒生，编辑礼书，为其当政称帝造势。与此同时，此时已在朝中担任要职的刘歆也不遗余力地抬高《周礼》的地位。因为统治者的大力支持，《周礼》的地位迅速提高，这一时期，对《周礼》的研究更得到了朝廷的重视。终于在王莽居摄三年（8），《周礼》学博士得以设立。从此《周礼》被立于学官，成为儒

1 / 参见梁晓峰:《汉魏〈周礼〉学研究》，山东师范大学 2016 年 5 月硕士学位论文。

家的正统经典。可以说刘向、刘歆对推动《周礼》学的兴起和发展，“功莫大焉”[1]。

《周礼》一书经刘向、刘歆父子校订后，掀起了一股研究《周礼》的热潮。一些学者如郑兴、卫宏、贾徽等曾向刘歆学习《周礼》。刘歆死后，他们成为发展和推广《周礼》学的主力。

3.《礼记》的编纂成书

西汉后期礼学方面的重大事件可谓礼学重要文献《礼记》的编纂成书。《礼记》记述的主要内容是先秦时的一些制度，也记录了一些孔子或其弟子的言论。司马迁认为《礼记》是由孔门弟子所记。《礼记》各篇本来大都是配合“礼经”——《仪礼》十七篇的“记”，是附属于《仪礼》的参考资料性质的东西，是《仪礼》的“附庸”。

《礼记》各篇体裁各异，内容多样，并非出自一人之手。是谁把这些篇目编纂成一部书的呢？成书的年代大约在何时呢？历代学者有着不同的观点。主要有戴圣编纂说，马融编纂说，卢植编纂说。现在学界普遍认为《礼记》是由西汉时期礼学家戴圣编纂而成。二戴在传授《仪礼》的过程中，对当时能见到的材料加以整理汇总。戴德整理的有八十五篇，被后世称为《大戴礼记》，戴圣整理的有四十九篇，被称为《小戴礼记》。我们今天所说的《礼记》一般指的就是《小戴礼记》。

关于《大戴礼记》《小戴礼记》的关系，一直有“小戴删大戴之说”。后世学

1 /（清）孙诒让:《周礼正义》，中华书局 1987 年版。

者经过比较研究，逐渐开始抛弃这一观点。[1]实际上，大、小戴在编纂书籍过程中，对前代的礼学文献都有参考，各自成书，不可避免会出现类似的章节。在后世的流传中，《小戴礼记》经过郑玄的注解，地位越来越高，影响巨大。而《大戴礼记》在流传中，篇目散轶，现仅存三十九篇。

（二）马融及其三礼学

马融，字季长，东汉时期著名经学家。马融出身名门大家，他的叔祖马援为汉光武帝时伏波将军，曾为东汉王朝的统一与巩固立下了彪炳功勋，马援小女为汉明帝明德皇后。马融的父亲马严，官至将作大匠。《后汉书》称马融“为人美辞貌，有俊才”。

马融的一生，经历过五位皇帝，仕途波动起伏，人生阅历十分丰富。永初四年，马融担任校书郎，开始在东汉的皇家藏书馆东观典校古籍藏书。元初二年，马融因为写《广成颂》而得罪了当时掌握朝政的邓太后，结果“滞于东观，十年不得调”（《后汉书·马融传》）。后来马融被邓太后免职，前后禁锢了六年。这也为马融博览群书提供了机会。顺帝时，受大将军梁商的举荐，马融出任武都太守，在此郡七年，闲时著书立说。桓帝时，马融作《西第颂》，得到了梁冀的欢心，并助他陷害李固，为时人所不齿。马融被梁冀免官，远徙朔方。后遇赦还，仍在东观著述，最终以病去官，在家

1 / 参见杨天宇:《礼记译注》，上海古籍出版社2004年版。作者在该书的序言中对“小戴删大戴之说”的各种论据，一一进行了批评。

授徒。卒于延熹九年，享年八十八岁。

马融多次在东观校书，见到过皇家秘藏，这无疑开阔了他的学术视野，也为他在学术上取得成就提供了条件。马融一生的著述甚多，曾遍注群经。《后汉书·马融传》云：

> 融才高博洽，为世通融……（融）尝欲训《左氏春秋》，及见贾逵、郑众注，乃曰："贾君精而不博，郑君博而不精。既精既博，吾何加焉！"但著《三传异同说》。注《孝经》《论语》《诗》《易》《三礼》《尚书》《列女传》《老子》《淮南子》《离骚》，所著赋、颂、碑、诔、书、记、表、奏、七言、琴歌、对策、遗令，凡二十一篇。[1]

从中可见马融的著作非常丰富，著述的范围不仅仅局限于儒家经典，对于诸子百家亦有所建树，其中包括《三礼注》。《经典释文·序录》引晋陈邵《周礼论序》云："后汉马融、卢植考诸家异同，附戴圣篇章，去其繁重，及所叙略，而行于世，即今《礼记》是也。"[2] 马融熟悉礼制，并以礼解经，在传授《礼记》过程中，综合了多家的版本，进行删减，为其作注。

马融的《三礼注》，在流传过程中连同马融诸书散佚，我们现在能见到的马融注文也不多了。从可

1 /（宋）范晔：《后汉书》卷六十上，《马融传》第五十上，中华书局2007年版。

2 /（晋）：陈邵《周礼论序》，《经典释文·序录》引。

见资料可知，马融具有明显的古文经学家的特色。马融在注经时并没有受到当时社会上流行的谶纬学说的影响，在当时应该算别树一帜。[1]

马融在三礼学的发展中起到了重要的奠基作用。马融一生，一方面著书立说，另一方面又传授了大量的弟子。马融作为一名精通儒家经典的大经学家，很多人慕名前来求学，据说多达一千多人曾受过他的指导。《后汉书 · 马融列传》记载："善鼓琴，好吹笛，达生任性，不拘儒者之节。居宇器服，多存侈饰。常坐高堂，施绛纱帐，前授生徒，后列女乐，弟子以次相传，鲜有入其室者。"可以看出，马融多才多艺，不拘于世俗礼仪，不仅精通儒学经典，又懂音律歌舞。在教学方法上善于用音乐来熏陶学生，这和孔子收徒非常相似。他开创了"弟子以次相传"的教学方法，还招收女学生，扩大了古代教育的范围。后世为了纪念马融设帐授徒，设立了绛帐台来纪念他。著名的经学家卢植与郑玄等都是马融的门徒。卢植、郑玄后来在《礼记》学上取得的巨大成就，和马融的传授息息相关。他因为巨大的儒学成就，在唐代时得以配享孔庙，宋代被追封为扶风伯。

（三）卢植及其三礼学

卢植（139—192），字子干，东汉涿郡人。卢植身材魁梧，风度翩翩，《后汉书》中形容他"身长八尺二寸，音声如

1 / 参见潘斌:《试论马融的经学贡献》,《唐都学刊》2008 年第 5 期。

钟”[1]。他曾做过北中郎将、尚书等官职。卢植是东汉杰出的政治家、文学家、经学大师，是历史上配享孔庙的二十八位大儒之一。

卢植在年少时到洛阳求学，是一代大儒马融的门生。在马融的诸多弟子中，卢植学术水平非常突出。他与大儒郑玄、名士管宁、曹魏大臣华歆是同门师兄弟。卢植回乡后收徒教学，“阖门教授”，据说刘备、公孙瓒都曾受教于他。卢植曾先后担任九江、庐江太守，平定蛮族叛乱。后与马日磾、蔡邕等一起在东观校勘儒学经典书籍，并参与续写《汉记》。黄巾起义时为北中郎将，率军与张角交战，后被诬陷下狱，皇甫嵩平定黄巾起义后救出卢植，卢植得以复任为尚书。后因上谏激怒董卓被免官，隐居在上谷军都山，被袁绍请为军师。初平三年（192）去世。卢植校勘儒家经典，著有《尚书章句》《三礼解诂》等，今皆失佚。东汉末年，国家准备组织学者将儒家经典抄刻于石上，作为范本供士子们学习使用。卢植向皇帝上书：“我年少时追随马融学习古文经学，发现现在通行的《礼记》文字繁杂，想为其做注解，但是家贫，难以完成。希望皇上派人和我一起专心研究，修正谬误，刻成碑文。”

卢植《礼记》的文本注解，对中国古代的训诂学产生了极大影响。从现存的资料看，卢植的《礼记》注在训诂上已经有释词和解句，他对字音、字义等也有所阐释。他的《礼记》注非常细致，《后汉书》评价他“好研精而不守章句”。他一方面借鉴前人的

1／（宋）范晔：《后汉书》卷六十四，《卢植传》第五十四上。

成果，另一方面他“不守章句”，开启了东汉后期新的学风。[1]

卢植对于《礼记》各篇作者和成书年代做了一定的研究。《礼记解诂》已经亡佚，但仅仅从有限的资料中仍然能发现卢植在这一重大《礼记》学问题上的见解。比如关于《王制》的作者和成书问题，卢植赞同司马迁等学者的观点，认为《王制》是汉文帝时博士所作。卢植曰：“汉文帝令博士诸生作此篇。”[2]

卢植在对《礼记》文本的解读中，也有着和其他学者不同的注解。对礼制名目也做了阐释。在注音方面，卢植和其他学者有着不同的见解。例如《礼记·曲礼上》中一句经文“敖不可长，欲不可从，志不可满，乐不可极”，其中“长”字，卢植注为“直良反”，不同于《礼记正义》中的“丁丈反”。

从以上列举可以看出，卢植对于《礼记》学有着自己独到的研究。这些观点无疑是《礼记》学研究史上的重要资料，对后学研究有着重要的价值。

（四）郑玄及其三礼学

郑玄，字康成，北海高密人（今山东省高密市），生于汉顺帝永建二年（127），卒于汉献帝建安五年（200）。郑玄年少聪慧，在小时候便显示出与众不同之处。有次郑玄跟随母亲回家参加腊会，当时数十人相聚，他们身着华丽

1 / 潘斌：《卢植〈礼记解诂〉探微》，《青海社会科学》2007年03期。

2 / 转引自陆德明：《经典释文》卷十一《礼记音义·王制第五》，第170页，上海书店影印《四部丛刊》（合编本）1989年版。

服饰，高谈阔论，郑玄沉默不语，他母亲以为他自愧不如，相形见绌。郑玄说：“这不是我的志向，我的志向不在此。”十三岁时，郑玄就已经能背诵儒家五经，喜好天文、占侯、风角、隐术等，被称为神童。

郑玄年少时家境贫困，“为乡啬夫”，但他不喜好为官，一心向学。后来在太守杜密的提携下，弃吏从文，周游四处，求访名师，博极群书，走上了一条学术之路。他向东到过下邳（今江苏徐州），向南到达豫南，向北曾去过碣石，遍访当地儒者。他去过殷周故都实地考察三代的礼制，拜谒了周公庙，游历了大半个中国，被后世称为“山东无足问者”。

郑玄先后在东郡张恭祖、涿郡卢植、扶风马融等名儒门下学习。马融是当时最为有名的大儒，其门下弟子常有数千人。因为听马融讲学的人太多，所以很多时候只能听到他的声音，却看不到他本人。郑玄求学心切，心中唯有学问，当时马融帐下多有歌女舞乐，但他丝毫不受干扰，专心苦读。郑玄风尘仆仆来拜谒马融，有意拜师，但三年间都没有见到马融。当时马融被一些文学方面的难题所困惑，马融的学生卢植便向老师力荐郑玄。郑玄不负所望，解决了难题，赢得了马融的器重，成为其入门弟子。其后，郑玄追随马融学习，逐渐博通今古之学，博览群经。郑玄四十四岁时出师，想回家乡探望母亲。马融看到郑玄已经学有所成，为他践行，高兴地说：“郑生今去，吾道东矣。”郑玄东归后开始广收门徒，著书立说，编注群经，《礼记注》便成于这一时期。建安五年，郑玄“以疾卒”，享年七十四岁。后人对郑玄的学术成就给予了极高的评价，其学术亦称为“郑学”[1]。

郑玄对汉魏时期礼学的传承做出了巨大贡献。他总结了两汉的古文经学的研究成果，融汇今古文经，从而建构成其三礼学体系。在郑玄的著作中，《三礼注》的影响最大，“郑康成之学，尽在《三礼注》”[2]，因而“郑学”又有“礼学”之称。虽然“三礼”的说法源自马融和卢植，但自经过郑玄作注之后，“三礼”才真正意义上并称于世。郑玄曾师从多位著名学者，使得他在注解“三礼”时能够博综兼采，取百家之长，成一家之言，为后世奉为圭臬。

郑玄在三礼学上的成就首先表现在对“三礼”文献本身的研究上。他为“三礼”通篇作注。这些注解，很大一部分成了学术史上的定论，为后世学者的研究提供了方便。比如，他在注解《曲礼》时将礼的内容概括为吉、凶、军、宾、嘉五礼。他在注解《礼记》时说：“名曰《曲礼》者，以其篇记五礼之事。祭祀之说，吉礼也。丧荒去国之说，凶礼也。致贡朝会之说，宾礼也。兵车旌鸿之说，军礼也。事长、敬老、致贽、纳女之说，嘉礼也。”虽然《曲礼》中还有大量内容并非五礼所能概括，但用五礼之说来概括中国古代的礼仪制度，基本为后世所继承。

1 /《后汉书·儒林传》称：“玄本习小戴《礼》，后以古经校之，取其义长者，故为郑氏学。”

2 /（清）段玉裁：《戴东原先生年谱》，见《戴震集》，上海古籍出版社 1980 年版，第 488 页。

郑玄在注《礼记》时对该书的各个篇名都做了解释。有的篇名用人名来解释，如《檀弓》。郑玄《礼记目录》云:“名曰《檀弓》者，以其记人善于礼，故著姓名以显之。姓檀名弓，今山阳有檀氏。”他认为由于檀弓是知礼之人，所以该篇便用《檀弓》作为篇名。有的篇名是通过《礼记》某一篇的主要内容来解释。例如《礼记·内则》篇，他解释说:“名曰《内则》者，以其记男女居室事父母舅姑之法。”

郑玄对《礼记》各篇的作者与写作年代做出了考证，提出了一系列观点。如《礼记·王制》篇的作者与成书年代，郑玄认为是作于孟子之后的战国末期。郑玄曰:“孟子当赧王之际，《王制》之作，复在其后。”[1]此说影响了后世的孔颖达、任铭善等人。对于《礼记·中庸》的作者与成书年代，郑玄在《礼记目录》中说《中庸》是“孔子之孙子思伋作之”。这一观点，为后世沈约、孔颖达、二程、朱熹等所认同。

郑玄通过研究《礼记》，对礼制名物也提出了独到的见解。例如，对于“礼器”之“器”的理解，前人有着不同的训解。他认为:“器，所以操事。”郑玄通过注“三礼”，对中国古代的训诂学产生了极大影响。郑玄的《礼记注》标志着中国传统训诂学已经发展到了一个接近成熟的阶段。

郑玄注礼的一大贡献就是保存了“三礼”文献。尽管汉魏时期的三礼学著作颇

1 / 转引自孔颖达:《礼记注疏》卷十一《王制》篇题正义所引，《十三经注疏》，中华书局影印1980年版，第1321页。

丰，但在历史的长河中，历经风沙，仅有郑玄《礼记注》流传下来，更显得弥足珍贵。

郑玄在注礼过程中，对书中存在的诸多版本的经文，并没有舍弃，而是同时保存了经文与异文。据李云光先生《三礼郑氏学发凡》统计，郑玄在《礼记》中保存了多达二百零六条异文。[1]郑玄并没有妄下结论，勘定某一条经文而舍弃异文，而是让后人择善而从。加之后世诸多注本的散佚，这些异文就具有了极其重要的价值，为后人研究《礼记》提供了极为重要的原始资料。

郑玄在三礼学传承史上有着至关重要承前启后的地位。他的《礼记注》，摒除门户之见，博采综合众家之长，而行文精明扼要，其中不乏真知灼见。这使得《礼记》大行于世，影响很快超过戴圣的叔父戴德所选编的《大戴礼记》。值得注意的是，《礼记》在汉代本是附属于《仪礼》的，但自郑玄作注后，《礼记》的地位大幅度提升，到东汉末年，即与《仪礼》《周礼》鼎足而三，蔚为显学。至曹魏时又第一次被立于学官，设博士。《礼记》在经学史上地位的变化，实际上是从郑玄《礼记注》带来的影响开始的。

郑玄网罗自二戴《礼记》成书以来流传的各种本子并进行参校而作成《礼记注》，形成了今天所见《礼记》的定本。郑玄生活在社会比较混乱的东汉末期。统治者为重振纲纪，开始倡导礼法，郑玄恰好迎合了当时统治者推崇礼制的政治需要，他说："为政在人，政由礼也。""重礼所以为国本。"郑玄注《礼记》，"前有所

1 / 李云光：《三礼郑氏学发凡》，华东师范大学出版社 2012 年版。

承”，不仅局限于今文经学，而是多引马融、卢植等诸家旧注，广泛借鉴诸家成果，兼容古今之法。在郑玄之前，虽然马融、卢植曾提到“三礼”之名，但直到郑玄才真正集大成地注解《周礼》《仪礼》和《礼记》，把“三礼”融汇，确立“三礼”之学。正是因为包括《礼记注》在内的注经成果，使郑玄成为集大成者。

《礼记》在经学史上的地位自郑玄之后开始提高。据王锷先生《东汉以来〈礼记〉的流传》一文考订，东汉末年，传习郑氏之学者，有十七人之多。[1]可见郑玄学说在三国时期影响巨大。南北朝时期，虽然国家分裂为南北二朝，经学也分为“南学”“北学”，但在三礼学方面却“同遵于郑氏”，且北朝格外注重对《礼记》的研究。到了唐代，孔颖达领衔撰修《五经正义》之时，将《礼记》编入其中。《礼记》第一次以官方的名义被升格为“五经”之一，取代了《仪礼》在五经中的地位。《礼记正义》正是采用郑玄注本为底本，至今仍是比较权威的注本。

1 / 王锷:《东汉以来〈礼记〉的流传》,《井冈山大学学报》第5、6期。考证的十七人是：赵商、冷刚、张逸、孙皓、刘炎、炅模、田琼、王瓒、焦氏、崇精、王权、鲍遗、任厥、泛阁、崇翱、刘德、陈铄、桓翱。

第七章

魏晋南北朝“礼”的发展

东汉后期，朝政越来越腐败，外戚宦官交替专权，时局动荡不安，社会上大批贫民流离失所，自然灾害频繁发生。一场有组织、有准备的农民大起义，即黄巾起义敲响了汉王朝的丧钟。虽然农民起义最后被镇压下去，但东汉政权从此一蹶不振，中国陷入了军阀混战割据中。在军阀混战中，逐渐形成了魏、蜀、吴三国鼎立局面，中国走向局部统一。随后西晋短暂统一，但不久又陷入分裂局面。此后，南北朝时期，我国政权分立，政局复杂。总体而言，魏晋南北朝时期是我国历史上政权更迭最为频繁的时期。此间三百六十余年，政局动荡，但在思想文化方面却精彩纷呈，产生于汉代的道教在此时完成了系统化和理论化，佛教传入中国后迅速传播，这对传统儒学产生了冲击。社会上开始出现轻视传统礼仪的清谈之风。儒学经过自我革新，开始去神秘化和教条化，又展现出了旺盛的生命力。礼学到了南北朝时期又兴盛起来，出现了许多治礼专家，有力推动了礼学的发展。

一、魏晋时期礼制的发展

曹魏代汉，继承了两汉的礼仪典籍和大部分人事组织。礼乐制度经过汉末战乱遭到破坏，社会开始出现崇尚浮华之风，但是基本的祭祀礼和典章制度还能维持。朝堂之上对制礼规制，诸如服色、历法、牺牲、旗帜等都有过激烈的讨论。文帝时，曾有建丑之月为正，服色尚黄，牺牲用白等礼制的构建。在政权制礼过程中，王肃和高堂隆对“三礼”有精深的研究，对当时礼制建设产生了较大的影响。

高堂隆是西汉初年著名经学家高堂生的后代。同他的先祖一样，他对礼学也有着很高的造诣。他多次用礼义之道对魏帝谏言，直陈事情利弊，深得魏帝的信任。有次，皇宫崇华殿发生了火灾，皇帝非常惊恐，因为古人大都以为这是上天的警示。于是下诏询问高堂隆，这是什么灾祸？在你们儒家的礼法中，有什么祈祷神明降福除灾的方法吗？高堂隆向皇帝说：“夫灾变之发，皆所以明教诫也，惟率礼修德，可以胜之。”（《三国志·高堂隆传》）也就是说，只有从内心真正地遵循礼仪道德的要求，提高自己的道德修养才能避免类似事件的发生，战胜灾祸。在他看来，灾变的发生，都是上天向世人发出告诫的表现，那些外在的礼仪形式不能从根本上解决礼仪道德的缺失。

高堂隆认为新政权建立后当务之急应是推行礼乐制度，建立明堂，修缮辟雍等教育场所，营建郊庙，尊重儒士，恢复并制定各种礼仪，改正朔，变换朝服等。这是历代专制王朝政权更迭后，帝王为了加强精神统治，表明政权正统的常用方法。王肃和高堂隆结合当时的社会情况和旧有的文献资料，为新政权设计新的朝仪规范，也发起了多次礼仪活动。如魏明帝景初年间，"营洛阳南委粟山以为圆丘，祀之日以始祖帝舜配，房俎生鱼，陶樽玄酒"[1]。这说明曹魏政权稳定下来之后，也和先秦两汉一样，开始重视国家礼典的作用。

魏中后期，重臣司马懿逐渐控制了军政大权。他死后，他的两个儿子司马师、司马昭相继专权。后来司马懿的孙子司马炎自立为帝，改国号为晋。经过征战，最终三家归晋，天下一统。在晋代魏的过程中，有一个人物起到了重要作用。他积极辅佐司马氏，为其出谋划策，多次在危难之际挽救司马家族。他就是西晋的开国元勋之一——荀彧第六子荀顗。晋王朝建政后，荀顗备受荣宠，被委以重任。《晋书》记载："文帝又命荀顗因魏代前事，撰为新礼，参考今古，更其节文，羊祜、任恺、庾峻、应贞并共刊定，成百六十五篇。"[2]可见，荀顗作为新朝礼制的主要负责人，带领当时学者羊祜、任恺、庾峻、应贞等参考新旧礼法，主持了新生政权礼仪的撰定工作。荀顗定礼的特点是不拘泥于旧典的文字，注重灵活变通，反对繁杂琐碎，更强调简约，"宜省文通事，随类合之，事有不同，乃列其异。"[3]荀顗去世，皇帝非常伤心，专门派太子亲临治丧，可见晋王室对荀顗制定礼仪之事

1 / 2 / 3 /（唐）房玄龄等撰:《晋书·礼志上》，中华书局 1974 年 11 月版。

的高度肯定。《晋书·荀顗传》评价荀顗:“顗明三礼，知朝廷大仪。”且不论其人格和政治追求，单从礼制发展来看，他主持制定的“晋礼”对礼制的发展是有贡献的。但遗憾的是，由于后来战乱，这些礼仪大都没有贯彻执行。

西晋末年，天下大乱，衣冠南渡。皇族成员司马睿在江南重建政权，是为东晋。晋统治者衣冠南渡后，荀崧和刁协参订礼制，损益朝仪，续修了晋礼，承袭了西晋制礼的精神内核，重建了王朝的政治秩序。这些礼仪制度和南渡的中原文明一道，为推动中华文化的传播，加快江南地区的开发做出了应有的贡献。

南朝政权，虽偏居一隅，但却自认为是中华道统之继承者。他们在制定礼仪时，也追溯到西晋甚至两汉的规制，在一定范围内，恢复并颁行了一些礼仪。如南朝宋元嘉年间，这时候亲耕礼已经荒废很久了，可文帝想亲自到田间耕作，以示重视农桑，关爱百姓，于是皇帝派人撰定耕礼。南朝宋制定的亲耕礼要比曹魏时期完善,《宋书》记载曹魏时期:“魏氏虽天子耕籍，其蕃镇诸侯，并阙百亩之礼。”等到了晋武帝时，曾有人建议补充，但没有实行。到南朝宋时，恢复拓展了这些礼仪，并开始执行。又如亲蚕礼，即古代后妃配合帝王亲耕而亲自养蚕的典礼，在南朝也有所改进。关于亲蚕礼实行的方位,《周礼》中记载是在北郊。汉代时没有遵照《周礼》改在了东郊。曹魏时又依据《周礼》改回北郊。晋时因为配合亲耕礼改为西郊。南朝宋时，参照古籍记载，依照汉魏的旧制，制定出礼仪。《宋书》记载南朝宋的蚕礼是:

“皇后采桑坛在蚕室西，帷宫中门之外，桑林在其东，先蚕坛在宫外门之外而东南。”说明南朝时的礼制在增益旧礼的基础上有了进一步的发展。南朝梁武帝之时，命令群儒制定朝仪五礼，“吉礼则明山宾，凶礼则严植之，军礼则陆琏，宾礼则贺玚，嘉礼则司马褧”[1]。典仪有成之后，又让沈约、周舍等学者进行讨论修订。可见梁时的礼仪已经较为完备了。南朝陈时，基本上把梁礼都继承了下来。

晋永嘉之乱，北方少数民族内迁，西晋灭亡，北方再次陷入了混乱之中。各民族统治者先后建立了大大小小的政权，各个政权之间彼此攻占，可谓“神州芜秽，礼坏乐崩，人神歼殄”[2]。在征战混乱中，北方逐步完成了局部统一，礼的建设也重新提上了日程。北朝多是由少数民族贵族建立的政权，少数民族和当地汉人错居杂处，相互学习，北朝政权的统治者与汉族士人合作，沿袭中原地区原有的统治方式，进行汉化改革，因此北朝的礼制建设有着从粗简向完备过渡的特点。

通过北魏的礼制建设我们可以看出北朝的礼乐发展状况。北魏第一代统治者统一了北方，马上得天下，其“经国轨仪，互举其大，但事多粗略，且兼阙遗”[3]。其后的统治者在统治汉人的过程中，逐渐开始认识到礼仪活动在治国理政上的重要性，开始学习使用汉族的礼仪。如北魏第一代皇帝道武帝即位时，“定都平城……立坛兆告

1 /（唐）魏徵等撰:《隋书·礼仪志》，中华书局1973年版。

2 / 3 /（北齐）魏收:《魏书·礼志》，中华书局1974年6月版。

祭天地”（《魏书·礼志》）。北魏孝文帝时期进行的汉化改革，是北朝学习借鉴汉民族儒家治国方略的最为典型的代表。孝文帝自幼仰慕儒家文化，决心用礼仪文治移风易俗壮大北魏。他亲政后，力排众议，将都城迁往汉文化浓厚的古城洛阳。他规定鲜卑官员在朝廷中必须使用汉语，穿汉服，改用汉姓，还鼓励鲜卑族与汉人贵族联姻。通过汉化改革，北魏完成了政权治理方式的转变，礼制建设也基本成型。后齐、后周政权都设有专门人员和职官“习于仪礼”，“以为时用”。（《隋书·礼仪志》）

二、王肃及其三礼学

王肃（195—256），字子雍，出生于会稽（今浙江绍兴）著名的东海王氏家族。王肃聪慧好学，“少而聪辩，涉猎经史，颇有大志”（《魏书·王肃传》）。年幼起便跟随其父亲王朗学习今文经学。王朗在政治、经学、文学上均有不凡成就。可知，王肃从小生活在有着浓厚学术氛围的家庭之中，自幼受家学的熏陶，积累了大量的经学知识。在曹魏政权，王肃担任的职务大都相对清闲，他可以利用这段时间博览群书。这些都为他日后取得巨大的学术成就打下了基础。

除了受家学的影响，王肃还师从汉末荆州学派的代表人物宋忠，“读《太玄》，而更为之解”（《三国志·魏书·王肃传》），学得古文及义理之学。他对马融、贾逵、郑玄以及其他诸儒的今古文之学都进行了深入的研究。面对广泛而全面的学术渊源，王肃融会贯通，择善而从，自成一家。

太和二年（228），王肃的父亲去世，他承袭了父亲的官职，任职常侍。后来，王肃长女王元姬嫁与司马懿次子司马昭，王肃成为司马昭的岳父。王氏与司马氏开始结为政治同盟。甘露元年（256）王肃卒，享年六十二岁。唐代时因其对经学的突出贡献，作为先贤配享孔庙。

王肃是继郑玄之后的一代经学大师，他一生治学广博，曾遍注群经。其所注经学在魏晋时期被称作“王学”。曹魏末与西晋时，王学一度兴盛，王注亦被立于学官（其中也有政治的原因）。在中国经学史上，王肃是除郑玄以外经学著述最多的经学家之一，尤其是对“三礼”皆有著述，可谓著述宏富，著作等身。但遗憾的是，宋代以后这些著述大多亡佚不传。经过学者考察，王肃在三礼学方面的著述约有十种，涵盖了《周礼》《仪礼》《礼记》以及“三礼”通论性著作。[1]

王肃好贾逵、马融之学，不善郑氏，才气高而且富有叛逆性格，其注经往往不拘泥于一家，或许是故意与郑玄争胜。他的注解包括“三礼”在内的许多经学著作经常和郑玄有异，因而在三国时期形成了郑、王学之争的局面。魏晋之时王肃所注诸经凭借司马氏的政治权势，都立于学官，成为官学。

王肃的三礼学上承汉代郑玄，自成一家，

1 / 参见马金亮:《魏晋南朝东海王氏家族文化研究》，山东师范大学 2015 年博士学位论文。

在三礼学发展史上占据重要一环。他对郑玄的三礼学进行了扬弃，具有义理化的特征，推动了三礼学的发展。

从现存的资料看，王肃“三礼”注并不是泛泛之谈，其中有很多阐释比郑玄更为恰当。王肃反郑，并非故意与大师郑玄相左，标新立异，而主要是针对经注而发，即对注不对人，这从其对郑注既有驳斥亦有采择可以看出。而且王注的确有不少解释胜于郑注，其“驳郑”在很多时候是有道理的，并非向壁虚构。不可否认，“王学”能够立于学官，王肃与司马氏家族的政治联姻关系起到了重要作用，但“王学”自身的学术价值不能否认。当时的学者研究三礼学多宗王肃，史称王肃去世后“门生缞绖者以百数”。到了东晋以后，虽然王学的官学地位开始衰弱，但其学术影响则一直延续至后世。后世学者研究“三礼”，往往难以彻底绕开王肃之礼学。

三、南北朝三礼学的兴盛

南北朝时三礼学的发展呈现出全新的面貌，在经学研究整体不兴盛的背景下，三礼学却发展得异常繁盛，成为一门显学，并具有鲜明的时代特色。三礼学从传统的传注之学发展为义疏之学，领域内的郑学与王学之争仍有余温。

南、北朝在政治上处于对峙局面，双方都想证明自己政权的合法性。礼学作为一个能够体现政权正统性的因素格外受到重视。

南北朝时，三礼学著述的数量在经学著述中居首。据《隋书·经籍志》的统计，三礼学著述有“一百三十六部，一千六百二十二卷”，居于经学类首位，数量居于第二的是《易》类，有“六十九部，五百五十一卷”。可见三礼学著作在南北朝时比其他任何一类经学著述都要多。

南北朝时，三礼学的繁荣不仅表现在“三礼”著述的大量涌现，还表现在研习三礼学的学者和士子人数非常多。具体比较来看，在“三礼”中，北朝比较重视《仪礼》，而南朝较为看重《礼记》。

南朝较著名的礼学学者有何佟之、司马筠、崔灵恩、皇侃、雷次宗等。由于当时南朝社会重视门阀制度，治礼多偏重《仪礼》。北朝北魏儒学大师徐遵明传其三礼之学于李铉等人。李铉撰有《三礼义疏》。李铉又传其学于熊安生等人。熊安生在礼学领域有较大的建树。据《周书·熊安生传》记载，熊氏曾师事北朝大儒徐遵明，并曾“从房虬受《周礼》”，东魏时又“受《礼》于李宝鼎”，后“专以三礼教授”，并撰有《周礼义疏》二十卷，《礼记义疏》四十卷。

南北朝时，《礼记》的研究成果颇丰，正如《北史·儒林传》所说：“诸生尽通《小戴礼》，于《周》《仪礼》兼通者，十二三焉。”较著名的《礼记》学著作有宋庾蔚之《礼记略解》、梁何胤《礼记隐义》、梁皇侃《礼记义疏》、后魏刘芳《礼记义证》、后周沈重《礼记义疏》、后周熊安生《礼记义疏》等。

北朝对《周礼》的重视程度远胜于南朝。西魏宇文泰当政时按照《周礼》的职官模式对政治制度进行改制，建立了六官制度。其子建立北周后，继续沿用六官制度。因而北朝后期兴起一股《周礼》热。

三礼学在南北朝时发展的重要表现是出现了三次文献[1]，即义疏著述。这段时期，“三礼”义疏类著述数量庞大，还包括礼学总论类的著作，可以说南北朝三礼学主要是“三礼”义疏之学。所谓义疏，起源于南北朝，是对经文和经文注释的再补充、阐述。

南北朝时礼学的郑、王学之争，仍有体现。在礼学经典的研究层面，此时期的“三礼”义疏大都主遵郑注，但仍有“三礼”义疏引王学为补充。在现实礼制建设中，郑学与王学的影响力旗鼓相当。[2]如关于郊丘，不同的政权有不同的礼制依据，有的是“郑学之所宗”，有的是“王学之所宗”。《隋书·礼仪志》记载：“梁、陈以降，以迄于隋，议者各宗所师，故郊丘互有变易。”

四、魏晋风度与礼法精神

魏晋时期，政权交替频繁，政局纷乱复杂。在这样一个乱世，却涌现出了一群思想活跃的人，他们的人格思想极为自信风流、不拘礼节，他们创造

1 / 邓声国、顾永新等学者相继使用级次文献的概念，即将经学文献分为一次文献、二次文献、三次文献等。参见顾永新:《经学文献与经学文献学刍议》,《北京大学学报》2019 年第 4 期哲学社会科学版。

2 / 参见张帅:《南北朝三礼学研究》，山东师范大学 2013 年博士论文。

了中国历史上明显区别于其他时代的一种标志性精神和独特的文化现象，鲁迅先生称之为"魏晋风度"。魏晋风度指的是魏晋时期名士们所具有的那种率直、洒脱的行为风格。阮籍、嵇康、山涛、刘伶、阮咸、向秀、王戎是魏晋风度最具有代表性的人物，后世称他们为"竹林七贤"。

不拘小节、蔑视礼法、放浪形骸等，都是"魏晋风度"的生动写照。魏晋士人追崇的生活，没有虚饰、刻板和教条，崇尚自由，这看似违背严肃繁琐的传统"礼法"，实则反映了魏晋士人对礼的本质的理解，对自然法则的崇尚，也表现出了他们彷徨无奈乃至自暴自弃的心态。随着政治上分裂局面的结束，礼法规范得以重新强化，这种自由放荡的生活方式逐步消退。[1]

魏晋时期崇尚不拘礼法的原因有以下几点：政治上，魏晋时社会动荡，政治斗争此起彼伏，门阀制度形成，这些压制了人才进取的通道，使士人进取无望，转而寄情山水。文化上，东汉末期，文化界的主体意识开始觉醒，他们更加注重人格的独立性。魏晋的士子继承了这种学风。受道家哲学的影响。在动乱的年代，老子的道法自然、庄子的逍遥齐物等思想，为他们的无拘无束、纵情山水提供了理论来源。还有在宗教方面，佛教的传入、道教的产生，是人们在现实世界受挫时排解内心苦闷的良药。

他们所普遍崇尚的生活方式有饮酒、服药、清谈和纵情山水等。其中一个重要的表现

1 / 张仁善:《"魏晋风度"与礼法精神》,《南京大学法律评论》2006 年第 1 期。

是行为方式的反常，往往不为礼法所容忍。这些名士们反对、讽刺两汉以来社会普遍认同的儒家倡导的纲常伦理、礼仪名教。阮籍作《大人先生传》，对虚伪的礼法制度进行了畅快、辛辣的嘲讽。他说："君子之处域内，何异夫虱之处裈中乎！"阮籍把循规蹈矩地遵守儒家礼法的所谓"君子"比喻为处在裤子中的虱子。它们藏在裤子的深缝里，藏匿于裤中的败絮里，还自以为住得非常安全。它们的行动不敢超越裤缝一步，也就是说不敢超越礼法规范一步，这样也能够安详地过活一辈子。但是到了夏天，这些虱子都死了。这讽刺了当时文人墨守成规，不知变通。人活一生，为什么不减少这些束缚，随性而为呢？

旧的礼教对于男女间接触的防范非常严，比如叔嫂间不能讲话，不能和朋友的妻子见面，不能直视邻居的女子等。阮籍对于这些是完全无视的。有一天他的嫂子要出门，他落落大方地与她告别，并嘱托了很多话，完全不理会礼教关于叔嫂不能对话的规矩。别人以此嘲笑阮籍，阮籍说："礼教难道是为我们这些人设立的吗？"他经常去一酒坊喝酒，喝醉了就在人家脚边睡着了，他也不回避酒坊朋友的小媳妇。

礼教中非常注重的一点是"孝"。"孝"的礼仪要求非常繁琐，比如有三年服丧、三年守墓等说法。阮籍不拘于礼法，他母亲去世的时候，他正在和朋友下棋，和他下棋的友人准备停止下棋，但是阮籍坚持下完。接着又饮了两大杯酒，大叫一声，吐血数升。在服丧期间，按照礼教是不能饮酒吃肉的，但是他依然大酒大肉。

这些都是他蔑视礼教的表现，谁能说阮籍对母亲是不孝呢？这反而是他真性情的流露。在他看来这些繁文缛节恰恰是压抑人性的表现。

南朝刘义庆《世说新语》中有不少记叙魏晋时期名士的文字，传神写意，十分有趣，如：

> 王子猷居山阴，夜大雪，眠觉，开室命酌酒，四望皎然。因起仿偟，咏左思《招隐诗》，忽忆戴安道。时戴在剡，即便夜乘小船就之。经宿方至，造门不前而返。人问其故，王曰："吾本乘兴而行，兴尽而返，何必见戴！"

王徽之，字子猷，是大书法家王羲之的第五子。他住在山阴时，一天夜里大雪纷飞，半夜醒来，看到此种景象，兴致大发，开窗赏雪，温酒吟诗。忽然间，他想去拜访远方的友人戴安道（戴逵）。于是他当即决定，半夜乘舟前往探访，行走了一整夜才到达。可是，到了朋友的家门口却不进门，立即掉头返回。与他同行的人非常诧异，王之猷说："我原本是乘兴而来，现在又尽兴而回，见不见戴安道倒无关紧要，何必一定要见呢？"乘兴而来，兴尽而归，既已雪夜神游，又何必登门再见呢？不问结果，只看过程，这种彻底的"过程论"十分罕见。

又如：

刘伶病酒，渴甚，从妇求酒。妇捐酒毁器，涕泣谏曰："君饮太过，非摄生之道，必宜断之！"伶曰："甚善。我不能自禁，唯当祝鬼神自誓断之耳。便可具酒肉。"妇曰："敬闻命。"供酒肉于神前，请伶祝誓。伶跪而祝曰："天生刘伶，以酒为名，一饮一斛，五斗解酲。妇人之言，慎不可听！"便引酒进肉，隗然已醉矣。

刘伶酒瘾上来，向太太讨酒喝，太太恳求他戒酒。刘伶声称："夫人所言极是，只是我嗜酒如命到了不能自我控制的地步，必须借助鬼神的力量才能戒掉。麻烦你准备酒肉，我要祭祀鬼神。"太太信以为真，赶紧把酒肉端来。只见刘伶顶礼跪拜，信誓旦旦："我刘伶天生一个酒鬼，一次要饮十斗，至少五斗才能解除酒病。我的婆娘（要我戒酒）的话，你万万不可听取。"跪拜完毕迅疾把祭祀鬼神的酒肉一扫而空。真令人哭笑不得。《世说新语》中亦有关于刘伶狂放不羁的记载：

刘伶恒纵酒放达，或脱衣裸形在屋中。人见讥之，伶曰："我以天地为栋宇，屋室为裈衣，诸君何为入我裈中！"

别人讥讽他不穿衣服，其评价标准就是儒家服饰礼仪的要求。刘伶的回答显示出了对礼法的蔑视和对自由精神的追求。

在古代君权社会，中国的文人在发声之时往往要考虑政治的需要，也被儒家的理论所约束。魏晋名士们却有着不同于世俗，甚至不同于任何历史时期的言谈举止。这些都体现了他们与众不同的人生观和世界观。魏晋风度不仅是一种政治和文化现象，而且深深影响着人们的心理与行为，对我国后世的文学、哲学、思维方式都产生了深远的影响。

第八章

隋唐时期礼学的繁荣

隋朝建立后，统一南北，结束了长时间政权分立的局面，再一次实现了中国的大一统。唐代隋，延续了隋朝的政治、经济、文化的一统局面。隋唐时期，国家政治统一，经济文化繁荣，在历史长河中尽显灿烂。

一、隋唐礼制发展状况

隋朝建立后，统治者就开始着手重修礼制，以彰显更新之意。《隋书》记载:“高祖命牛弘、辛彦之等采梁及北齐《仪注》，以为五礼云。”可知，隋朝制定礼仪制度的是牛弘和辛彦之二人。隋文帝灭掉南朝陈之后，准备祭祀先祖，虽然典礼初成，但作为古代帝王祭祀活动的重要场所即明堂还未建好。于是隋文帝下诏让牛弘和辛彦之商定讨论并制定出礼典的方案。

牛弘，字里仁，本姓尞氏，因为他的父亲历任魏侍中、工部尚书等职，被赐姓为牛氏。他年少之时，就表现出了性格宽厚、笃志博学的品质，有人对他父亲称赞他："此儿当贵，善爱养之。"牛弘喜好读书，他的弟弟却酗酒成性。有一次喝醉酒后将牛弘的车牛射死了。他妻子告诉他这件事之后，牛弘只是淡淡地说："知道了。"神态自若，继续读书。后来牛弘官拜礼部尚书，为隋朝请立明堂，制礼作乐。经过常年战乱，文献流失严重。天下刚完成统一，政局稳定下来，牛弘就上书请求"开献书之路"，向文帝说明此举的重要性，说道："有国有家者，曷尝不以《诗》《书》而为教，因礼乐而成功也。"（《隋书·牛弘传》）他制定礼乐多采用东齐的旧礼，并结合各家学说，撰成《仪礼》百余卷，还对礼仪的配乐提出了具体的建议。牛弘制礼，有很多创新之处，如关于服丧之礼，他主张在时间和规格上进行缩减，改成十一个月举行小祥之祭。这些大都被隋文帝接受和采纳，颁行天下。牛弘为儒学的复兴、文献的流布以及礼乐的发展做出了杰出的贡献。杨素曾赞叹："衣冠礼乐尽在此矣，非吾所及也！"[1]可见当时牛弘在礼乐方面的贡献突出，令其他人望尘莫及。

辛彦之，陇西人，他和牛弘是同志好学，后来官拜礼部尚书。在北朝周时，就开始修订《仪注》。隋时，他与牛弘共同撰修《新礼》。吴兴沈重是一位博学之人，隋文帝曾让辛彦之与文学家沈重辩论。沈重推辞说："辛君所谓金城汤池，无可攻之势。"（《隋书·儒林传》）可见辛彦之的学问之深。辛彦之有多部礼学著作问世。

隋结束了三百余年的分裂局面，功绩

1 /（唐）李延寿:《北史·牛弘传》，中华书局1974年10月版。

堪比秦汉。群臣请求文帝封禅泰山，上告天帝隋朝的功绩。文帝说："此事体大，朕何德以堪之。但当东狩，因拜岱山耳。"（《隋书·礼仪志》）牛弘、辛彦之等人就专门创定拜山礼典。隋文帝在位时期，励精图治，采取了一系列政策，开创了盛世局面，被后世称道为"开皇之治"。平心而论，他是有资格进行封禅的帝王。他巡守岱岳，行拜岱宗仪，也算是对帝王祭天地封禅礼仪的拓展与创新。

隋朝第二任帝王隋炀帝杨广杀父弑兄，通过不合礼法的非正常方式取得帝位，在位期间好大喜功，纵情享乐，最终导致了隋朝的速亡。有诗感慨："君王忍把平陈业，只换雷塘数亩田。"（《炀帝陵》）虽然隋炀帝在历史上颇有争议，但在文化方面的贡献却值得称赞。他在位期间重视儒学，尊崇孔子，曾下诏："先师尼父，圣德在躬，诞发天纵之姿，宪章文武之道；命世膺期，蕴兹素王。而颓山之叹，忽逾于千祀；盛德之美，不存于百代。永惟懿范，宜有优崇。可立孔子后为绍圣侯。有司求其苗裔，录以申上。"（《隋书·帝纪》）

杨广身死江都，李唐代隋，中国历史进入了黄金时期。唐代的礼制非常完备，可谓古代礼制之典范。唐初，采用的是隋礼。唐太宗时期，中书令房玄龄、秘书监魏徵和礼官、学士等人因袭隋礼，在此基础上增加了朝庙、养老、大射、讲武、读时令、纳皇后、皇太子入学、太常行陵、合朔、陈兵太社等诸多礼仪。按照五礼进行分类，其中《吉礼》六十一篇，《宾礼》四篇，《军礼》二十篇,《嘉礼》四十二篇,《凶礼》十一篇，这些合为《贞观礼》。

唐太宗时民族关系和谐，唐太宗实行开明的民族政策，受到各少数民族的爱戴，被尊奉为“天可汗”。太宗还将文成公主嫁给吐蕃松赞干布，开创了民族一家亲的礼制典范。据传，唐贞观年间，西域回纥国为了表示与大唐的友好，派使者缅伯高带天鹅去拜见唐太宗。途径沔阳湖时，使者把天鹅放到湖边让它喝水，缅伯高没能及时抓住，结果天鹅飞走了，只留下了几只羽毛。使者只好将鹅毛送给了唐太宗。这件事留下了“千里送鹅毛，礼轻人意重”的美谈，比喻礼物虽然微薄但情意却深重，表现了各民族之间礼尚往来、和睦相处的民族关系。

唐高宗时，长孙无忌、杜正伦、李义府、李友益、刘祥道等对《贞观礼》又有增益，将其增加到一百三十卷，是为《显庆礼》。这是唐代大规模官修的第二部礼书，反映了唐代礼制的进展。此后,《贞观礼》《显庆礼》二礼书兼行。

唐玄宗在位前期重用贤能，整顿吏治，发展经济，注重文教，使唐朝的国力达到前所未有的强大，进入了鼎盛时期，因其年号为“开元”，故称为“开元盛世”。唐王朝由此经济繁荣，国库充盈，进入了前所未有的盛世，因而在文化上需要有与之配套的制度和国家仪典。长期以来,《贞观礼》《显庆礼》并行，经常有两者相矛盾之处，学者争论不休。遇到国家典礼时，往往因为参照礼书不同而难以抉择，甚是不便。唐玄宗召集了一批学者，诸如徐坚、李锐、施敬本、萧嵩、王仲丘等，参考唐代前两部礼书，于开元二十年（732）编纂出了一百五十卷巨著，是为《大唐开元礼》。从此，“唐之五礼之文始备，而后世用之，虽时小有损益，不能过也”(《新唐书·礼乐志》)。

《大唐开元礼》的制定在中国古代礼制史上占有重要的地位，体现了唐代礼制的创新，标志着封建礼制进入完备阶段。首先，在内容上，《大唐开元礼》可谓集中国古代礼典之大成，内容包罗万象，全面而又具体，上到帝王祭天礼地之礼，下到平民婚冠丧葬、衣食住行，几乎对社会生活的各个方面都做了详细的记录。其次，在学术上，《大唐开元礼》对长期以来的礼制争论做了最后的总结和统一。《大唐开元礼》的修订，结束了关于礼仪制度的旷日持久的讨论，成为封建统治者制礼作乐时取法释疑的标准。第三，《大唐开元礼》打破“礼不下庶人”的旧规，为普通地主和平民百姓也规定了行礼的义务，使得封建礼仪制度从特殊阶层的行为规范变为整个社会的行为规范。礼仪制度的成熟和完备，进一步明确了社会等级秩序，协调了社会成员之间的关系，把整个社会纳入君臣有序，上下有别的封建统治秩序中，使人人安分守己，社会长期稳定，为开元盛世的出现，打下了稳定的社会基础。[1]

这部记载着一代国家盛典的传世之作，不但著名于当时，影响于后世，也成为中古时代礼制变迁的见证。故四库馆臣指出《大唐开元

1 / 本段论述参见赵澜:《略论〈开元礼〉的制定与封建礼制的完备化》,《福建教育学院学报》2002 年第 1 期。

礼》"粲然勒一代典制"，清代史学家王鸣盛也认为"唐礼莫著于开元",《大唐开元礼》无疑是中古礼制完美化的代表。[1]

这一时期，礼仪的制定在一定程度上开始受到宗教的影响，一些礼典中具有了宗教的印痕。隋文帝在举行拜恒岳礼时，"增置二坛，命道士女官数十人，于壝中设醮"(《新唐书·礼乐志》)。这时候的国家礼仪中已经开始有了宗教人士的参与。唐天宝年间，在南郊行祭天礼时，陈王府参军田同秀说道:"玄元皇帝降丹凤门。""(玄宗)乃建玄元庙。二月辛卯，亲享玄元皇帝庙；甲午，亲享太庙；丙申，有事于南郊。其后遂以为故事，终唐之世，莫能改也。"(《新唐书·礼乐志》)玄元皇帝是李唐王室为道家创始人以及道教的教主老子奉的尊号。在唐代，玄元皇帝庙和太庙(祭祀孔子的庙宇)地位相当，而且贯穿了整个唐代，足以说明宗教对礼仪的影响。

二、三礼学之兴盛

如果说在礼制上，唐代的《大唐开元礼》终结了长期以来的礼制之争，那么在礼学方面，唐初修订的《五经正义》则结束了汉末以来的郑、王三礼学之争。这使得礼学在唐代实现了统一，有助于礼学的发展。

郑玄注解"三礼"之后，学者研习时以尊郑学为宗。魏晋时，王肃注礼，与郑

1 / 吴丽娱:《营造盛世:〈大唐开元礼〉的撰作缘起》,《中国史研究》2005年第3期。

学相争，一度有取而代之的趋势。双方的门徒展开了激烈的辩论，一时难以分出胜负。由于王氏与司马氏家族的姻亲关系，在曹魏末年和西晋时，王学盛过郑学。东晋以后，王氏的礼学著述逐渐失传，郑学又重新居于主流地位，但王肃的礼学影响力一直有延续。南北朝时，政权分立对峙，在思想文化上也出现了分化情况。如南朝重视《仪礼》，北朝注重《礼记》。

隋唐之际，中国再一次实现了国家统一。国家真正大一统，离不开思想学术领域的统一。此时的三礼学还有郑、王之争，南、北之争的残余，且“文字多讹谬”。为改变这一局面，唐太宗诏命孔颖达领衔主持撰定儒家经典。经过诸儒多次考证、修改后，到高宗时以《五经正义》之名颁布天下。正义作为一种注释体例，大体和魏晋时的义疏相似。《五经正义》包括《周易正义》《尚书正义》《毛诗正义》《春秋正义》和《礼记正义》。其中的《礼记正义》是孔颖达主持编撰的。孔颖达等人编纂时采用郑玄注，坚守“疏不破注”的原则，并多方综合了前人的研究。该书一经问世，便广为流传，迅速成为科举考试的基本参考教材。《礼记》第一次以朝廷的名义被升格为“五经”之一，取代了《仪礼》在五经中的地位。当时官方和学界较为重视《礼记》，而对《周礼》《仪礼》有所冷落。

同样参与《五经正义》编修的贾公彦依据郑玄注，参考前人礼学成果，又撰《周礼疏》五十卷、《仪礼疏》五十卷。至此，《三礼正义》问世。时至今日，郑注孔、贾疏的《三礼正义》仍是较权威、较常用的“三礼”注本。《三礼正义》从学术上对汉魏以来的郑、王之争和南北之争画上了句号，使之归于一统。可以说，这是自郑玄以来三礼学发展的又一高潮。

第九章

宋明时期礼学的转变

一、宋代的礼制建设

五代后周大将赵匡胤在陈桥驿黄袍加身，发动兵变，夺取了后周政权，改国号为宋，史称北宋。赵匡胤就是宋太祖。北宋结束了中原和南方的分裂局面，国家实现了局部统一。

五代时期，军阀割据，政局动荡不安，兵变政移的情况时有发生。这导致了这一时期的国家礼制建设极其不稳定，礼文往往简约草率，流于形式。宋兴后，天下承平，但五代的礼仪不能直接使用，因而需要一部适合新政权的礼书来统一朝纲礼度。

宋代是中国历史上承前启后的社会变革和转型时期。宋太祖开宝年间，天下战事渐渐平息，百姓安居休养生息。在这一历史背景下，宋太祖令御史中丞刘温叟、中书舍人李昉等人以《大唐开元礼》为参考，经过一番增益，撰成《开宝通礼》二百卷，又定《通礼义纂》一百卷作为补充。《开宝通礼》是宋初颁行的第一部国家礼典，奠定了宋代礼制的基础。

《宋史·志第五十一》记载："即位之明年，因太常博士聂崇义上《重集三礼图》，诏太子詹事尹拙集儒学之士详定之。"《重集三礼图》（又称《三礼图》《新定三礼图》《三礼图集注》等）是宋代著名礼学家聂崇义参考多种古代礼图编纂而成的礼学著作。此书记载了礼仪的服饰、冠冕、宫室、投壶、射候、弓矢、旌旗、玉瑞、祭玉、匏爵、鼎俎、尊彝、丧服、袭敛、丧器等，每一条目都配有图片。该书是现存较早的一部阐释我国古代礼制并附有图像的著述，是宋代礼图学兴起的标准，具有重要的参考价值。此书得到宋太祖的嘉赏，颁行于天下。

宋太宗时，非常注重文教，不断提高文臣地位，修明典章。到宋真宗时，北宋政府和契丹签订了澶渊之盟，从此宋辽之间保持着长久的和平局面。中国古代最后一次泰山封禅就发生在宋真宗时期。宋真宗封禅，历来多有非议，被指责为一场闹剧。因为无论从那一方面来看，宋真宗在历史上的地位都不如秦皇汉武。宋真宗时，国家并没有完成汉唐意义上的大一统。宋朝被普遍认为积贫积弱，军队战斗力低下，在和辽国的战争中打了败仗，通过签订屈辱的合约才换来国内的和平。真宗皇帝亦没有传统观念中的文治武功与大略奇才。宋真宗为了泰山封禅，暗地里在全国营造舆论，各地官员积极配合宋真宗，不停地向中央报告"天降祥瑞"。在一场闹剧中，宋真宗兴冲冲地在泰山举行了古代最后一次帝王封禅。

宋仁宗时期，陈宽开始对礼仪院颁布的太宗、真宗两朝大量礼仪诏令进行整理，但没有形成定本。仁宗天圣年间，王皞继续陈宽的整理工作，撰成《礼阁新编》。仁宗时，贾昌朝撰《太常新礼》及《祀仪》。后来文彦博又撰《大享明堂记》二十卷。大学者欧阳询认为这些礼书多有遗漏，不能起到礼书应有的作用，于是上书请求新修礼典。他在《开宝通礼》的基础上，对新修的礼仪分门别类进行补充，成书后被赐名为《太常因革礼》。

其后，历代皇帝即位，几乎都新修礼典。比较有影响力的有：神宗朝定的《祀仪》、宋徽宗亲自主持制定的《五礼新仪》、宋孝宗时修成的《中兴礼书》。这些礼典名目繁多，内容越来越详实。如《太常因革礼》增列了新礼、废礼和庙礼等礼目。宋徽宗在编纂《五礼新仪》时提出了“循古之意而勿泥于古，适今之宜而勿牵于今”的制礼思想。这些都值得肯定。另一方面，这些礼书在颁行过程中也遭到了当时学者的非议。无论如何，我们可以看出，宋朝统治者非常重视礼典的编纂，先后制定和颁布了多部礼仪典章，这本身就体现了礼制的发展，也为我们了解当时的社会情况留下了丰富的资料。

二、三礼学研究的衰微

礼学经过了唐代的兴盛，到了宋明时期，趋于衰微。究其原因，不难发现，是当时的社会思潮和学术思想的变化，引起了礼学在这一时期相对衰弱。唐代时，一些学者如赵匡、陆淳等开始对儒家经典《毛诗》《春秋》等传注产生怀疑，开启了宋代疑古的先河。宋代时，经刘敞推波助澜，至庆历后这一疑古思潮发展到对经典本身的怀疑。皮锡瑞曾将这一时期称为“经学变古时代”，他认为:“经学自唐以至宋初，已陵夷衰微矣。然笃守古义，无取新奇；各承师传，不凭胸臆，犹汉、唐注疏之遗也。”[1]在此学风的影响之下，一些人不满足于旧有注疏的范围，开始自立新意来解说经文。汉唐的章句注疏之学在此时也越来越繁琐和僵化。宋代理学兴起，重义理的阐释使得注疏之学更趋衰微。学界的这些变化，对礼学的研究失去了往日的辉煌，显现出了颓势。

宋明礼学的弱化，其主要体现为如下几个方面。其一，相较于其他历史时期，宋明研治礼学的学者和礼学著述不多。其二，普遍来讲，礼学的研究成果不如其他历史时期显著。其三，所著之书，或受科举取士制度所左右，或利用礼学为政治活动造势。

就《仪礼》而言，北宋神宗朝，王安石废除了《仪礼》学官，致使《仪礼》学的研究进入低谷。直到南宋时才出现了影响较大的《仪礼》学著作，如李如圭的《仪礼集释》和朱熹及其弟子黄榦所撰《仪礼经传通释》。《仪礼集释》以郑玄注为主体，综合了各家之言，相较于唐代的贾公彦疏义又有所拓展。《仪礼经传通释》以《仪礼》为经，取《周礼》《礼记》及其他文献所载有关礼学的内容附于经文之下来解释经文，同时将郑玄注和贾公彦疏一一列举，对于研治《仪礼》，颇有助益。

1 / 皮锡瑞:《经学历史》，中华书局2008年版。

元代敖继公的《仪礼集说》是元代影响较大的《仪礼》学著作。敖继公一生钻研《仪礼》，受宋代疑古思想的影响，认为郑注多有瑕疵，对郑玄《仪礼注》进行了批驳。他删减了郑说中在他看来不合于经的内容，提出了自己的观点，以义理之学来解读《仪礼》。元明清三代不乏追随敖氏之人，直到清乾嘉时《仪礼》才重归郑学。虽然敖继公的观点在今天看来不免有穿凿附会的成分，但书中有许多见解值得肯定。到了明代，几乎已无人研治《仪礼》。据《四库全书总目》，仅录有存目三家，即郝敬《仪礼节解》、张凤翔《礼经集注》、朱朝瑛《读仪礼略记》。即使是这三部著述，也有很多弊端。

《周礼》学研习和《仪礼》较为相似，在宋明时期也几成绝学。宋代学界疑经氛围浓厚，加之《周礼》一书的出现和流传颇有争议，因而宋代有许多学者对《周礼》的真伪产生了怀疑。宋人的《周礼》学著述大都抛却汉唐的注解，另求新意。北宋神宗时，王安石为了给变法提供理论支撑，出于政治目的，撰成《周礼新义》，颁于学官，并将其作为科考取士的标准。因而王安石的《周礼》学显赫一时。此后元明时期的《周礼》研究基本上都处于宋学的笼罩之下，成果甚微。

相较于《周礼》和《仪礼》的时运不济，《礼记》在宋明时颇受学者关注。这一时期的《礼记》研究成就显著，影响较大的有宋朝卫湜《礼记集说》、元朝吴澄《礼记纂言》和陈澔《礼记集说》。卫湜作《礼记集说》，参考了自郑玄以后的一百四十四家之说，历时三十余载而成。该书保存了大量的古代礼学文献资料。陈澔《礼记集说》以其简明浅显的特点，一度成为明清两朝科举考试的标准用书。

《礼记》一书的结构在宋代发生了重大变动。先有二程调整了经文的次序，后朱熹又将《礼记》的《大学》《中庸》二篇抽出，与《论语》《孟子》二书合订成册，称为《四书章句集注》。宋时《四书》立于学官，和《礼记》并列。元代规定把朱熹《四书章句集注》作为科举考试的标准用书。元明时期甚至有学者不把此二篇作为《礼记》篇目，如陈澔作《礼记集说》时便未注解此二篇，使《礼记》四十九篇成为四十七篇。

我们可以看到，宋明时期三礼学的整体趋势较汉、唐时期相对衰弱，但仍有一些值得肯定的成果问世。这与宋代疑经、改经且重义理有关，但从另一角度来看，这无疑为三礼学的研究提供了新的角度，对礼学的发展是有所贡献的。

三、礼即理也

宋代是中国历史上承前启后的社会变革和转型时期，南宋时期社会可谓政治上内忧外患、文化上佛道盛行。在这种历史形势下，许多儒生摒弃汉魏以来的考据学风，将目光重新回到先秦时期，通过发展孔子学说，创立理学，以重新恢复儒学的地位。

儒学发展到宋代，产生了理学，普遍认为这是传统儒学发展的高峰。礼学作为维系社会人伦秩序的重要理论武器，是理学的重要组成部分。宋明时期的礼学与之前的汉魏、隋唐相比，成就不高，没有出现具有重要影响力、代表性的三礼学著述。但宋明时期的礼学又有着自己的特色，其显著表现是礼学的义理色彩浓厚，研究重点转向礼学思想层面。宋明的理学家在阐释理学思想时，自然不会忽略作为儒学基本内核的“礼”，在说“理”时也兼及“礼”。他们援礼入理，将礼的思想纳入理学的范畴之中，将礼与天理联系起来，同时以理来丰富礼的内涵。这在礼学以及礼学思想发展史上是一次飞跃。虽然宋明时期的理学家没有直接参与礼学典籍的注疏，也没有完整的三礼学著述问世，礼学也不是他们重点关注的方面，但他们的思想体系中都有论礼的部分。

周敦颐及张载就提出“礼者，理也”的思想。程颐说：“视听言动，非理不为，即是礼，礼即是理也。不是天理，便是私欲。人虽有意于为善，亦是非礼。”[1]他们都将“礼”看作“理”。宋儒们在阐释说明理学的哲学思想时，对礼有大量的论述。这些对礼的论述大都从义理阐发的角度进行，这无疑开辟了礼学研究的新境界，客观上丰富发展了礼学思想。

（一）“二程”的“礼”

二程，即程颢和程颐，河南洛阳人，他们的学说被称为“洛学”。程颢字伯淳，又称明道先生。程颐字正叔，又称伊川先生，曾任国子监教

1 /（宋）程颢、程颐：《二程集》，王孝鱼点校，中华书局1985年版。

授和崇政殿说书等职。二人都曾就学于周敦颐，并同为宋明理学的奠基者，世称二程。

关于二程有一个关于尊师重教的礼仪故事，即程门立雪。《宋史·杨时传》记载:“(杨时)见程颐于洛，时盖年四十矣。一日见颐，颐偶瞑坐，时与游酢侍立不去。颐既觉，则门外雪深一尺矣。”后来，“程门立雪”成为广为流传的尊师典范。

虽然二程没有关于“三礼”的著作，但程颐曾有修订礼书的计划，只是后来因为种种原因未能完成。《二程集》对此有以下记载。

> 问:“先生曾定六礼，今已成未?”曰:“旧日作此，已及七分，后来被召入朝，既在朝廷，则当行之朝廷，不当为私书，既而遭忧，又疾病数年，今始无事，更一二年可成也。”曰:“闻有五经解，已成否?”曰:“惟《易》须亲撰，诸经则关中诸公分去，以某说撰成之。《礼》之名数，陕西诸公删定，已送吕与叔，与叔今死矣，不知其书安在也?然所定只礼之名数，若礼之文，亦非亲作不可也。《礼记》之文，亦删定未了，盖其中有圣人格言，亦有俗儒乖谬之说。”[1]

可见，程颐曾准备也已经开始展开了对“三礼”的研究，只是因为各种原因，

1 /(宋)程颐、程颢:《河南程氏遗书》卷十八,《二程集》，中华书局1981年版，第239—240页。

最终未能成书。虽然二程没有完成训解经典的工作，但是依然对“三礼”有过精辟的见解。宋代疑经思潮浓厚，但二程对“三礼”基本持肯定态度，认为其对于道德修养的提高、治国平天下有重要作用。

关于《周礼》，他说过：“《周礼》之书多讹阙，然周公致太平之法亦存焉，在学者审其是非而去取之尔。”[1]有门人问程颐《周礼》之书有没有讹缺，程颐回答：“甚多。周公致治之大法亦在其中，须知道者观之，可决是非也。”[2]在他看来，《周礼》一书在内容上有讹缺之处，但他并没有全盘否定。他认为书中能体现周公的礼乐制度，学者在研习中应辨明真伪，合理利用这部儒家经典。

关于《仪礼》，有人问程颐《仪礼》中的礼制是否真实可靠。程颐回答曰：“信其可信。如言昏礼云，问名、纳吉、纳币皆须卜，岂有问名了而又卜？苟卜不吉，事可已邪？若此等处难信也。”[3]程颐认为《仪礼》中有可信的内容，但也要进行仔细的辨别、考证。

关于《礼记》，二程有过如下论述：“秦氏焚灭典籍，三代礼文大坏。汉兴购书，《礼记》四十九篇，杂出诸儒传记，不能悉得圣人之旨。考其文义，时有抵牾。然而其文繁，其义博。学者观之，如适大通之肆，珠珍器

1 /（宋）程颐、程颢：《河南程氏粹言》卷一，《二程集》，中华书局1981年版，第1201页。

2 /（宋）程颐、程颢：《河南程氏遗书》卷十八，《二程集》，第230页。

3 /（宋）程颐、程颢：《河南程氏遗书》卷二十二，《二程集》，第286页。

帛随其所取；如游阿房之宫，千门万户随其所入；博而约之，亦可以弗畔。盖其说也，粗在应对进退之间，而精在道德性命之要；始于童幼之习，而终于圣人之归。惟达于道者，然后能知其言；能知其言，然后能得于礼。然则礼之所以为礼，其则不远矣。"[1]可以看出，二程对《礼记》的评价很高。虽然《礼记》诸篇体裁不一，内容驳杂，但其广博的内容，尤其是阐述的义理，有助于得道成圣。[2]

除此之外，二程对于日常礼仪典制也非常熟悉，平时在日常生活中也注意遵守礼仪规范，并没有因为"理"而忽视"礼"。

儒家的核心思想是"仁"和"礼"。这两个概念不是相并立的，而是有着不可分割的联系。孔子说过："克己复礼为仁。"二程也继承了这些传统的关于"仁"与"礼"的思想。他们认为，"仁"与"礼"并没有太大区别，在一定程度上其内涵是一致的。有学生问程颐："颜渊问仁，而孔子告之以礼，仁与礼果异乎？"程颐这样回答他："'非礼勿视，非礼勿听，非礼勿言，非礼勿动'，视听言动，一于礼之谓仁，仁之于礼非有异也。"也就是说，这里的仁和礼是一个意思。二程认为，"礼"也是"仁"的组成部分，程颢说过："学者须先识仁，仁者，浑然与物同体。义、礼、知、信，皆仁也。""礼"是实现"仁"的重要手段、途径。程颢说："克己则私心去，自然能复礼。"而

1 / 程颐、程颢：《河南程氏遗书》卷十八，《二程集》，第669页。

2 / 参见刘丰：《宋代礼学的新发展——以二程的礼学思想为中心》，《中国哲学史》，2013年04期。

“复礼则为仁”。(《二程集》)

二程是理学的重要代表人，在阐述理学时，以理释礼，解释“克己复礼为仁”时，将礼解释为“天理”，用礼和理这两个概念表述为同一层次的含义。程颐认为，儒家所说的“礼”，都是符合天理的，是天理在人伦道德层面的体现，在这个层面上讲，“礼即是理”。这不仅提高了礼的地位，同时也是礼学发展的一次重要的理论飞跃。

“礼”是格物穷理的过程。孔子门徒曾经就礼的本质做过探讨。子游说：“子夏的学生，从洒水扫地、迎送宾客、应对进退开始学习，是可以的，不过这是细枝末节。教育的根本却没有，怎么办？”子夏听说后说：“唉，子游的话错了。做君子的学问，哪一项先传授，哪一项后教给呢？就好像花草树木，要区别对待。追求做君子之道，怎么可以随意歪曲呢？有始有终、本末兼顾地教育学生，只有圣人能做到啊。”从两人的对话中我们发现子游和子夏对礼有着不同的见解。子游认为洒扫、应对、进退仅仅是礼之末节。子夏则强调礼有本末、先后、大小等区分。

程颢认为洒扫应对也是探究“理”的过程，“理无大小故也”。程颐也说：“圣人之道，更无精粗，从洒扫应对至精义入神，通贯只一理。虽洒扫应对，只看所以然者如何。”(《二程集》)圣人之道，没有粗精、大小的区别。从洒扫应对、接人待物到高深精义，都贯穿着一个理。虽然是洒扫应对，也能看出他如何体现圣贤的诚、敬心态。在二程看来，天理贯穿于每一个细节，而洒扫应对等仪节是礼的外在表现形式，自然也蕴含天理。可以通过礼来格物修身，达到天理的要求。

二程对礼的功能也有深入的探讨。程子曾言："礼者，所以立也，不学礼，无以立。"在这里程颐再次强调了孔子的思想，礼是一个人安身立命的基础。一个人必须时刻依照礼的要求去规范自己的言行，程子说："礼乐不可斯须去身。"这样做的目的是"以礼制心，虽处豫时，不失中正"。有人问程颐，四五十年谨守礼，会不会感到劳苦。程颐说："吾日履安地，何劳何苦？他人日践危地，此乃劳苦也。"也就是说，遵守礼会轻松自在，感到劳苦反而是由于没有做到礼的要求导致的。

宋儒非常重视《大学》篇。《礼记·大学》说："心正而后身修，身修而后家齐，家齐而后国治，国治而后天下平。"即君子通过修身、齐家达到治国、平天下。"礼"对《大学》讲求的修齐治平有着重要的促进作用。修身、齐家需礼，程颐即说："故家之患常在礼法不足而渎漫生也。""若妇子嘻嘻，是无礼法，失家之节，家必乱矣。"缺少礼义，家就会混乱。

（二）朱熹的"礼"

在中国古代的儒家代表人物中，朱熹可算是与孔子相比肩的一代儒学大师，也是宋代理学的集大成者和代表人物。钱穆先生曾这样评价朱熹："在中国历史上，前古有孔子，近古有朱子，此两人，皆在中国学术思想史及中国文化史上发出莫大声光，留下莫大影响。旷观全史，恐无第三人堪与伦比。孔子集前古学术思想之大成，开创儒学，成为中国文化传统中一主要骨干。北宋理学兴起，乃儒学之重光。朱子崛起南宋，不仅能集北宋以来理学之大成，并亦可谓其乃集孔子以下学术思想之大成。此两人，先后矗立，皆能汇纳群流，归之一趋。自有朱子，而后孔子以下之儒学，乃重获新生机，发挥新精神，直迄于今。”[1] 后来朱熹成为孔庙十二哲者之一，也是唯一一位非孔子的亲传弟子而配享孔庙之人。

朱熹从小就受到程颐、程颢思想的影响。朱熹的父亲朱松是二程洛学的崇拜者，曾师从二程再传弟子罗从彦。朱熹也遵父命师事受洛学影响的刘勉之、胡宪等人，后来又受业于二程的三传弟子。因此，朱熹就有条件在他所师承的二程洛学的基础上，完成集理学之大成的使命。

以朱熹为代表的宋代理学，逐渐成为官方的正统指导思想。朱熹的《四书集注》也成为科举考试的制定书目。

朱熹为人端庄稳重，敢于直言，时刻按照儒家道德要求自己。历史流传下来许多朱子崇礼行礼的故事。朱子平时居家，每天天色没亮就起床，穿好礼服，去祭拜家庙和先圣，行完礼后回到书房开始读书。他的书桌一直都摆得很整齐，即使读书读累了，他也是端正地坐着，稍事休息。据记载，朱子从年少时就一直坚持这样做，一直到老，几十年如一日，没有间断，他一生都注重自己的行为

1 / 钱穆:《朱子新学案》，九州出版社 2011 年 1 月版。

举止合于礼。

朱熹在出任江西知府时，因为清正廉洁，很受百姓爱戴。在朱熹寿辰时，他的学生和百姓都带着贺礼自发前来祝贺。这些朱熹都一一婉拒了。很多人都带着贺礼回去了，但朱熹发现有一个菜农迟迟不肯离去。他沮丧地对朱熹说："天气这么热，我的这些你不肯收下，现在也卖不出去了，只能扔掉或者喂家畜了。"朱熹的手下听到这些话很生气，不料朱熹却欣然地接受了菜农的礼物。事后，朱熹向别人这样解释："收礼，会败坏名节，不收这位菜农的礼物，就会浪费辛苦产出的农产品。浪费才是对名节最大的损害。"这和孔子与渔夫的故事非常相似，都体现了圣人重礼，但又能随事变通的尊礼原则。

有次朱熹在赴任途中，特意去拜会著名学者郑樵。年过五旬的郑樵用一碟姜和一碟盐巴招待朱熹。对此朱熹的部下很不理解。朱熹后来跟他解释道："姜和盐分别是山里和海里的特产。尽山尽海，这是用大礼来招待啊！"会面期间，朱熹取出自己的一部书稿请郑樵指导点评。郑樵恭敬地接过书稿，特意燃起一炷香，表示对作者和书稿的尊重。风吹开了稿子，郑樵迅速把稿子看完，并把相关的内容背了下来。朱熹临走时，郑樵送到门口。朱熹的书童抱怨道："相公特意来拜见他，他竟然都不送一程。"朱熹说："读书人的时间宝贵，他已经送到门口了，就已尽礼了。"两人走了很远的路程回望，发现郑樵还保持原有送客姿态，站在草堂门口，手里还捧着一本书。两个读书人的会见礼仪成为美谈。

朱熹治礼，重新阐释并确立“三礼”文本的各自地位和相互关系。汉唐以来《仪礼》地位逐渐下降，《礼记》地位逐渐上升，并最终取代了《仪礼》本经的位置。朱熹明确提出，《仪礼》是礼的根本，是本经、经礼，而《礼记》是其枝叶，是解经的。朱熹说：“先儒以《仪礼》为经礼。”“《仪礼》，礼之根本，而《礼记》乃其枝叶。”[1]

虽然朱熹的学术研究主要集中在性理问题上，但人伦道德仍然是他所有学问的落脚点。朱子晚年倾大量精力治礼，集中体现在《仪礼经传通解》一书中。就《仪礼经传通解》表现出的特点而言，它并非考礼、议礼之书；并非强调要人践履古礼，而是重在让学者识礼；其最终目的在于使礼治之工夫和义理适得其所，达到安邦定国的大治境界。《仪礼经传通解》是朱熹毕生礼学探索的总结与展现，也是朱熹应对永嘉、永康学术挑战的反省与综合之作。

朱熹对于《周礼》也比较重视。当时学界普遍对《周礼》一书的真伪存在怀疑，但朱熹认为《周礼》是周公所作，是可信的。在《礼记》方面，他看重《礼记》一书对名物的论述和礼义阐述的价值。他将书中的《大学》《中庸》二篇抽出，提高到与《论语》《孟子》相同的地位，合成“四书”。他认为礼的设立并不是来约束人的，而恰恰是体现人的内心情感的。《礼记·问丧》中有一个例子：

1 / 黎靖德编：《朱子语类》，《朱子全书》，上海古籍出版社、安徽教育出版社 2002 年版。

> 或问曰："杖者以何为也？"曰："孝子丧亲，哭泣无数，服勤三年，身病体羸，以杖扶病也。则父在不敢杖矣，尊者在故也。堂上不杖，辟尊者之处也；堂上不趋，示不遽也。此孝子之志也，人情之实也。礼义之经也，非从天降也，非从地出也，人情而已矣。"

一个人面临双亲去世，总会伤心流泪。伤心不免伤身，因此在服丧时要用丧杖。如果父亲在世，因为要照顾到父亲的心情，就不敢用丧杖，以免其触景生情。这是礼的要求，不是从天上掉下来的，不是从地下长出来的，是人真实情感的流露。

周予同先生说："朱子之治礼，盖不拘拘于礼经，而欲依据古礼，酌斟人情，以自创一当时可行之礼仪而已。"[1]朱熹在用礼方面，主张因时制宜。朱熹说："礼，时为大。"也就是，在历史发展过程中，随着社会政治环境的变化，在礼仪的制定上就要与时俱进，顺应时代的要求，有所变通增益，不能一成不变。

（三）王阳明的"礼"

明中叶以后，王阳明开始向居于官学地位的程朱理学发起挑战，提出了"致良知"的心学来修正朱子学说。

王守仁，幼名云，字伯安。浙江绍兴府余姚人，因曾筑室于会稽山阳明洞，自号阳明子，学

1 / 周予同：《朱熹之经学》，《周予同经学史论著选集》，上海人民出版社1983年版，第163页。

者称之为阳明先生，亦称王阳明。

阳明自幼性格叛逆，胸有大志。有次他问自己的老师，读书是为了什么？老师回答他是为了考取功名，做大官。王阳明不认同，老师就问他认为读书是为了什么？阳明语出惊人，回答说是为了成为圣人。这表现出他对传统的叛逆之心，他不但是这么说，后来也是这样做的。他年仅十五岁就独自游历闯荡，寻访大儒高道。他不仅学习儒家经典，对佛道书籍也颇有涉猎与研究，还习武研习兵法。阳明十七岁那年，家里为他安排了门当户对的亲事。然而，就在婚礼当天，众人却找不到新郎官了。众人到处寻找他，结果第二天阳明出现了。原来他在婚礼那天一个人漫无目的地游荡，来到一处道观，见到了一位正在打坐的道士。两人一见如故，交谈甚欢，纵论养生修炼之法。这下一发不可收拾，二人秉烛夜谈，聊了一夜。这反映出了王阳明对传统礼法的一种叛逆态度。

《传习录》记载了王阳明"格"竹子的故事，表明了他从信奉朱子之学到产生怀疑，到最终创立心学的历程。早年王阳明深信朱熹格物之说。为了了解竹子，他与友人在亭前格物，一看就是一整天。他们对着竹子思考研究，几天下来不但没有"格"出竹子的道理，反而因此大病一场。王阳明认为，天下的事物不可能向外"格"物，而是要求诸本心，在身心上下功夫。后来他因为官场失意，被谪贬至贵州龙场。在龙场这个安静又恶劣的环境中，王阳明日夜反思，终于在一天夜里，突然顿悟，创立了他的心学，成为一代圣贤。

王阳明对礼学进行了相关的阐述。他同程朱一样也主张“礼即理”。王阳明在回答弟子问“以博文为约礼功夫”时，说道：“‘礼’字即是‘理’字。理之发见，可见者谓之文；文之隐微，不可见者谓之理，只是一物。”[1]也就是说，礼和理在本质上是一致的，我们能看到的是礼，也就是理的外在表现，隐藏在礼背后的本质就是理。王阳明将礼提升到“天理”的高度，认为它是事物体用一源、显微无间的体现。他说：“夫礼也者，天理也。天命之性具于吾心，其浑然全体之中，而条理节目森然毕具，是故谓之天理。天理之条理谓之礼。是礼也。”朱熹在强调礼的同时，对《仪礼》等礼典有深入的研究，王阳明的礼更强调内心“良知”的外在体现。王阳明对具体的礼制、礼仪研究较少，主要是阐发礼的大义。

王阳明主张以礼为教。他提到，古代人教育时，注重人伦道德，后来专教诗书等文化知识，到了今日人们甚至认为学习诗礼是不识时务。有鉴于此，他提出：“今教童子，惟当以孝弟忠信礼义廉耻为专务。其栽培涵养之方，则宜诱之歌诗以发其志意，导之习礼以肃其威仪，讽之读书以开其知觉。”其要在于修身，而“欲修身，便是要目非礼勿视，耳非礼勿听，口非礼勿言，四肢非礼勿动。……此便是修身在正其心”。也就是说，以礼为教就是要在心体的观照下，使视听言动合乎心之条理节文，亦即“礼也者，志吾心之条理节文者也”。王阳明以礼为教的目的，就是要达到

1 /《传习录》，《王阳明全集》，上海古籍出版社2011年10月版。

“恭敬撙节退让以明礼”。

王阳明不仅于思想上对礼有如此认识，他在行动上亦曾有所尝试。在致友人的信中，他曾感慨于关中礼学的盛衰，曰：“关中自古多豪杰，其忠信沈毅之质，明达英伟之器，四方之士，吾见亦多矣，未有如关中之盛者也。然自横渠之后，此学不讲，或亦与四方无异矣。”[1]他寄希望于南元善兄弟能振起此风，“自此关中之士有所振发兴起，进其文艺于道德之归，变其气节为圣贤之学，将必自吾元善昆季始也”。(《王阳明全集》)

王阳明对礼的阐发，对当时社会产生了广泛的影响。他用心学的观点来论述礼，丰富了礼学的思想内涵，是礼学进一步发展的重要阶段。但另一方面，王阳明从广义上来体认礼，在一定程度上对传统礼制却造成冲击。

1 / 王阳明:《答南元善》,《王阳明全集》,上海古籍出版社 2011 年 10 月版。

第十章

清代礼学的复兴

清朝是我国历史上第二个由少数民族为主建立的全国性统一王朝，相比于同样是由少数民族建立的元朝，清廷的汉化文明程度已经很高了。清朝的统治者用武力统一全国，建立中央政权后，为维护满族政权的统治，为得到人口占绝对优势的汉族，尤其是其中汉族文人对新政权的认同，逐渐调整统治政策。满清统治者在思想文化方面推崇儒家学说，继承历代传统，确立了“崇儒重道”的统治思想，尊儒重道、复兴经学。在此背景下，宋元之际已经式微的“礼学”逐渐恢复并复兴。

一、清初礼学的复兴

宋元以来，理学兴盛。有明一代，心学兴起，三礼之学几成绝学。明清之际的政权更迭，扬州十日、嘉定三屠、剃发易服等事件深深刺痛了汉族的民族情感。一些知识分子开始从文化上反思亡国的原因和教训。他们认为明代以来空谈义理的心学并不能解决国家发展中的问题。他们开始向儒家经典中寻求出路，提倡“经世致用”，“以经学济理学之穷”。

在统治者的政策支持和广大文人的提倡下，清初经学开始复兴。而“礼”作为“六经”之一，是经学的重要组成部分。“礼”在维护统治秩序、规范人们的政治生活方面的作用也逐渐为统治者认识和重视。清初礼学的研究范围有了很大的扩展，如《明史》中的《礼志》有十四卷，这在历代官修史书中所占比例算是很大的。清代礼制研究上至王朝典章制度和礼乐刑政，下到移风易俗的婚、丧、葬、祭四礼，涵盖了社会的各个层面。两部《皇清经解》中，“三礼”著作占了较大比例，远远多于其他同类经书。乾隆年间，高宗“以礼经世”，实行“稽古右文”“阐明经学，嘉惠万世”的政策，诏令开设三礼馆，专门纂修礼书，由鄂尔泰总纂，方苞、钟日宛、姚际恒、任启运皆参与三礼馆之事，促进了清代礼学的发展。诏令曰：

> 朕闻三代圣王，缘人情而制礼，依人性而作仪，所以总一海内，整齐万民，而防其淫侈，救其凋敝也。……前代儒者虽有《书仪》《家礼》等书，而仪节繁委，时异制殊，士大夫或可遵循，而难施于黎庶。本朝《会典》所载，卷帙繁重，民间亦未易购藏。应萃集历代礼书，并本朝会典，将冠、婚、丧、祭一切仪制，斟酌损益，

汇成一书，务期明白简易，俾士民易守。[1]

从这一诏令我们可以看出，清代社会从士人到朝廷都非常重礼，重视圣人“礼”的教化作用。与前代不同的是，清代更注重礼在下层社会的作用。由于此前礼书繁杂，难以在民间流行、贯彻，所以清廷要求今后凡车服、宫室、饮食、嫁娶、丧祭等仪制，要简单明了，使百姓容易遵守，礼书也不应因为卷帙浩繁而致使百姓购买和珍藏不便。

在礼制方面，清初完成了礼典的建构。顺治三年，满清就诏令礼臣参考前朝的制度，制定出礼书。有清一代比较有影响力的礼书有两部：一是《大清通礼》，乾隆年间撰成，道光年增修；二是《皇朝礼器图式》。还有一部记载满族的民族礼书《满洲祭神祭天典礼》，这是清朝独有的礼仪特色。

在乾隆年间编纂的《四库全书》中，将礼类分为六目，即《周礼》《仪礼》《礼记》《三礼总义》《通礼》《杂礼》。这种分类方法可谓是对中国古代礼学成果的集中总结，推动了礼学走向兴盛。乾隆即位当年，经历十三年，编纂成《三礼义疏》。该书包括方苞领纂的《周官义疏》、周学健领纂的《仪礼义疏》、李绂领纂的《礼记义疏》，实为清兴以来三礼学之集大成之作。

在统治者的推动之下，许多经学名家也对礼学发表自己的阐述并著书，推动了礼学

1 /《高宗纯皇帝实录·乾隆元年六月丙戌》，《清实录》卷21，中华书局2008年版，第507页。

的复兴。清初著名学者顾炎武指出：“先王之制礼也，不可多也，不可寡也，惟其称也。”[1]他认为“礼者，本于人心之节文，以为自治治人之具”，这是他对礼的功用的认识。如果君臣、父子、兄弟之间没有礼的规范，国家、社会和家庭就会发生混乱。由于顾炎武经历了明清两代，在他们那一代知识分子内心对满清是存在不信任态度的，所以，顾炎武还提出礼的作用是明确“夷夏之防”，使人“处夷狄之邦，而不失吾中国之道”。顾炎武虽然没有礼学著作问世，但他鼓励学术界研治“三礼”，甚至还呼吁统治阶层将《仪礼》重新纳入学官。他对礼义与廉耻、礼与法、礼之功能诸多问题的探讨是有着时代意义和深远影响的，为清一代的礼学研究开辟了风气，定下了基调。

在官方和民间的共同努力下，清代《仪礼》学开始复兴。张尔岐所作的《仪礼郑注句读》揭开了清代三礼学研究的序幕。张尔岐，字稷若，号蒿庵，山东济阳人，明清之际著名经学家。他自幼聪颖好学，熟读经史，兼及诸子百家，旁及太乙、奇门之学。晚年精研“三礼”，造诣尤深。张尔岐经苦心研读，除将传、注分清外，还删削了疏中繁琐附会的文字，并重新进行断句，纂成《仪礼郑注句读》一书。张尔岐曾在山东济南讲授《仪礼》，当时著名学者顾炎武听到后十分敬佩其精辟见解。第二天一大早顾炎武便登门拜访。两人谈论欢洽，遂订交为友。后来，顾炎武在谈论往事时曾说：“独精三礼，卓然经师，吾不如张稷

1 / 顾炎武:《君子而时中》,《日知录》卷六，商务印书馆1933年版。

若。”(《清史稿·顾炎武传》)

清初还有大量的礼学研究者和著作问世。方苞对“三礼”有精深的考究，且自成一家。他曾主持《仪礼》的纂修，总结前人的礼学研究成果，有力地促进了三礼学的发展。毛奇龄有多部礼学著作问世，采用以经解经的治礼方法，提出了许多有价值的礼学思想。秦蕙田之《五礼通考》虽出众人之手，也是清初礼学研究集大成之作。颜元也非常重视礼的教学与研究，如他在教学生时不仅让学生背诵礼学著述，更看重弟子的日常习行。徐乾学编纂《读礼通考》，其中对于丧礼的研究有重要影响。其后继者李光地于礼也有重要论述。他肯定《仪礼》的本经地位，说道:“《仪礼》，礼之经也;《礼记》，礼之传也。”还提出“四际”说，阐述了他对礼的提纲挈领式的认识，对后来的研究者有很大的启发意义。

从礼学的研究内容来看，儒生的礼学研究开始涉及民间，儒家的礼学著作开始吸收民间礼俗和佛道二教的宗教仪礼。但他们主张应以“三礼”为礼之根本。清儒们还致力于制度名物的考订，从祭祀制、宫室制、有司制到聘觐仪，甚至礼器、服饰的细微之处，无不详查细考。

从礼学思想来看，“经世致用”是清儒们研究经学的目标，礼学也不例外。清代礼学家们考证和诠释经典仪文，对于前代和当代的礼律和礼俗展开深入的讨论。实际上他们是“以礼经世”，以古礼作为参照，更革当前的礼律，矫正民间的礼俗，对当下的礼俗进行修订和改革，维护尊卑亲疏等礼之秩序。

总之，在清初期，通过统治者的政策提倡以及朝中儒臣和儒者的研究，清代礼学家从考查经典、考证礼器、注重人情、经世致用等方面出发，试图通过研究礼来纠正、改革当下社会的礼俗，达到维护社会尊卑亲疏秩序的目的。[1]同时清朝前期考据之风大盛，许多以考据为主的礼学著作问世。由此使宋元明以来注重空泛义理的学术风气得以纠正，几成绝学的三礼学进入了复兴时期。

二、清前期中西礼仪之争

纵向来看，清朝时期三礼学的发展进入了复兴时期。从横向层面看，随着西方新航路的开辟、工业革命的完成，世界市场逐渐确立。清政府统治的中华帝国在外交方面早已建立了稳固的朝贡体系，这一体系与西方的近代外交有着很大的不同。西方国家开始向现代国家转变，在与清廷交往中，发生了一系列以礼仪争执为代表的中西文化之争。

地理大发现后，世界开始联为一个整体。为了谋求商业利益，葡萄牙、西班牙、荷兰、英国等西方国家相继来到中国，希望与中国发生商业联系，建立外交关系。此时的清帝国却实行“闭关锁国”政策，严格限制对外贸易，尽量回避与西方国家的接触。

最早试图与中国进行联系的有西班牙、葡

1 / 参见刘永青:《清代礼学研究的特点》,《齐鲁学刊》2008年第3期。

萄牙、荷兰等早期殖民国家。在清初的中西交往中，这些国家都是在朝贡体制下与清朝交往，遵守朝贡礼仪，因而礼仪问题并不突出。推测其原因，这些新兴的殖民国家实力相对于清帝国还有差距，因而在外交中能大体遵从中国的朝贡礼仪。如在顺治十年（1653），荷兰巴达维亚总督派遣使臣“至广东请贡，兼请贸易”，结果是“巡抚具奏，经部议驳”。因为荷兰的行为与朝贡制度不符，没有携带表文和贡物。经过此次外交的失败经验，荷兰对清朝的朝贡制度有了一定的了解，两年后荷兰巴达维亚总督再遣使臣来华，便按清朝的规定，携带表文和贡物。经广东巡抚奏请，清廷准其赴京朝贡。美国人马士对荷兰使团这样描写：“这两位使节事事顺从中国人的要求。他们带来贵重的礼物，并且听凭这些礼物被人称为贡物，自己竟也这样称呼它；他们也拜领了优厚的恩赐；他们匍匐在皇帝面前；他们在皇帝的圣讳、诏书和宝座之前恭行了三跪九叩的礼节；他们情愿以一个亚洲藩属向宗主国来朝贡的使臣自居。他们希望用这种行为在中国取得贸易特权，像他们在日本以同样手段所取得的一样；但他们所得的只不过是被准许每八年遣使一次，每次随带商船四艘而已。”[1]然而，顺治皇帝除对荷兰“虔修职贡”赞许有加外，仅允许其八年一贡，委婉地拒绝了荷兰直接与中国通商的要求。

中外交流史上第一次较为明显的礼仪争端是在与俄国的交往中显露出来的。顺治年间，

1 /〔美〕马士著，张汇文等译：《中华帝国对外关系史》，上海书店出版社2000年版，第57页。

俄国政府两次向清廷派遣使节。俄国沙皇也非常看重礼仪，往往在临行前由外务衙门对使节进行详细的训令，主要规定使节在出使过程中的详细礼仪。外交使臣称，他们将不会按别人所要求的那样去主持外交代表团，而只会按照本国的惯例，其他国家的大使和公使并不足为其效法。带着这样的训令出使中国，必然会引起礼仪上的争端。出使结果是一次因在礼仪问题上僵持不下，最终俄使被逐出清朝。

中俄最激烈的礼仪冲突发生在解决两国在黑龙江流域的争端及达斡尔族酋长根忒木尔叛逃俄国等问题的时候。沙皇派庞大使团赴华，清朝官员按例查验其表文和贡物并要求使节出示国书，遭到拒绝。双方围绕国书的递交问题相持不下，俄国使节坚持将国书当面递交清帝。俄使在京的三个多月期间，双方关于礼仪细节的争论几乎没有停止过。最终要么折中双方意见，要么敷衍了事。例如，在觐见和接受清帝回赐物品时是否行跪拜礼一事上，因沙皇给使团的训令要求觐见清帝时只能行鞠躬礼，一开始俄使并不同意，后担心不能如愿完成使命，才勉强接受中方建议，觐见清帝时行了极不规范的三跪九叩礼。使节还声称皇帝赠送他本人的礼品可以跪接，而赠送沙皇的礼品必须立受。无奈之下，主持颁赏的清朝官员只好将礼品草草交给他了事。此次俄使来华引发的中俄礼仪冲突，给清廷留下了巨大的阴影。按照清廷的规定，俄商来华的前提条件是必须遵行中国礼仪。此后，在中俄《尼布楚条约》谈判以及其他的中俄交往过程中，对于礼仪问题双方一直有不同程度的摩擦，这些事都以搁置或悬而不决这种方式取得了暂时缓解。

有清一代，在中国历史上影响较大的中西礼仪冲突当属乾隆年间马戛尔尼访华事件。这时候西方经过长期的海外殖民扩张，积累了大量的财富，资本主义经济迅速发展。尤其是英国经过几十年战争，打败多个国家，成为海上霸主，自诩为“日不落帝国”。中国在长期的闭关锁国政策下，逐渐落伍于世界发展大势，在经济、科技、军事各个方面落后于西方。

乾隆五十七年（1792），英王乔治三世为了达到中英通商等目的，以向乾隆皇帝祝寿为名，派遣乔治·马戛尔尼勋爵来华访问，并携带了代表大英帝国先进资本主义文明成果的六百箱礼物。马戛尔尼希望通过展示这些欧洲先进的科学技术和现代文明的礼品，向中国显示西方文明的先进以及英国人的优越感；同时，希望通过这些精密的仪器和工艺品给中国一个极大的惊喜，使中国人大开眼界，从而引起他们的关注和兴趣，激发他们的购买欲。这样，就可以增加中英两国之间的商业机会，扩大贸易的规模和范围，从而改变当时中英贸易之间许多对英国不利的局面，达到两国通商的目的。中国是一个礼仪国家，历朝对各种对外礼仪都有明确而严格的规定。外国使者来华，被称为“四夷来朝”，须行“朝贡之礼”，所有送给皇帝的礼物都是八方来朝的藩夷贡品，大英帝国也不例外。

对于祝寿而来的马戛尔尼使团，清政府最初是持欢迎态度的，并表现出前所未有的重视。乾隆帝认为英使远涉重洋是前来祝寿的，“具表纳贡”，实属好事。为此他连颁数道谕旨，亲自确定了体恤优礼的接待方针。他不仅破例允许使团从天津上岸，而且命令沿海各省地方官做好接待工作，还向使团提供丰富的免费食物。使团抵达天津前，双方尚未就礼仪问题进行磋商，乾隆帝只是指示负责接待的地方官员厚待来使：“此次英吉利贡使到后，一切款待，固不可踵事增华，但该贡使航海远来，初次观光上国，非缅甸、安南等处频年入贡者可比。……务宜妥为照料，不可过于简略，致为远人所轻。”[1]

马戛尔尼使团一路北上，到达大沽，乾隆命长芦盐政徵瑞作为钦差大臣前往大沽迎接，直隶总督梁肯堂由保定至天津接待。但是，当徵瑞抵大沽后，听说英使欲以平行礼仪与清朝官员相见，即决定自己不出面，而委派天津道乔人杰、通州副将王文雄为代表前往。这无疑是表明了自己对英使的不满态度。

英使抵达北京之后，徵瑞再次向马戛尔尼提出演习叩头礼仪的要求。这时马戛尔尼断然拒绝，他只对上帝双膝跪拜，对英王也不过屈一膝而已，觐见中国皇帝与觐见英王的礼仪应该是一样的，即行单膝跪拜礼。当使团进入热河之后，双方仍就觐见礼仪相持不下。使团被告知：“不能考虑英国的独立身份，特使谒见皇帝必须行属国使臣礼节……特使必须无条件地向皇帝行叩头礼。”至此，中英双方在觐

1 / 故宫博物院掌故部编：《英使马戛尔尼来聘案·（乾隆五十八年）六月十七日廷寄》，《掌故丛编》，中华书局 1990 年版。

见礼节上的矛盾冲突更加表面化和明朗化。马戛尔尼顾虑到英国使团可能会因此被驱逐回国，急于向清朝政府表明他在这一问题上的积极态度，便派他的秘书前往和坤官邸，再次将那封有关礼节问题的信件交给和坤，并据以陈说。

和坤代表清政府与马戛尔尼就觐见礼节进行了最后一次磋商，据英人记载，经这次磋商，乾隆皇帝同意了英使以英国礼觐见中国皇帝。但这已经使乾隆皇帝大为不悦，对英使态度也大为冷淡。至此，马戛尔尼使团来华的礼仪之争即告结束。觐见仪式在避暑山庄万树园成礼。之后，马戛尔尼向清政府提出了一些谈判要求，其中有改善贸易的正常要求，也有带有殖民主义侵略性质的要求。这些要求通通被拒绝，清廷关闭了谈判的大门。

此次中英双方在礼节上各不相让的礼仪冲突，实际上是东方传统强国和新兴西方强国的一次国家实力的较量，反映出了东西方文化的巨大差异。虽然此次仪礼冲突双方以打成平手而暂时缓解，但中国已经显示出落伍于世界发展的大势。

清朝政府在礼节上如此固执己见，寸步不让，除了维护天朝上国的国体和尊严外，传统礼仪文化的影响也不能忽视。在以儒家文化为主体的中国传统文化中，“礼”具有突出的地位，它是中国封建社会等级制度、社会意识、伦理道德的总称，它规范着整个社会及其人们的思想行为。而统治者为了保证礼的实行，又制定了一套礼仪制度，从而使礼具有了法律约束的功能。一方面，这一文明对中国长时间屹立于世界强国之林有着积极作用，但另一方面，其封闭性和保守性也阻碍了中国进行变革的机遇，造成了近代的落后。

此次由礼仪问题导致的马戛尔尼访华失败，对中西双方的影响是长远的。中国丧失了一次与近代工业文明接触的机遇，也在一定程度上使中国落后于世界发展潮流。马戛尔尼使团访华也是英国乃至欧洲改变其对清政府印象的一次转折点，中国在欧洲人眼中的形象逐渐暗淡下去。[1]

此后，1816 年阿美士德伯爵作为英国外交官，奉命到中国商谈通商问题，也因拒绝向嘉庆帝行叩头礼而致整个使团被驱逐离京。

三、清中后期礼学的发展

凭借清初诸帝的励精图治，到乾隆时期，清王朝迎来了所谓的“康乾盛世”。学界形成了乾嘉学派和大兴考据的学术风气。受此学术氛围影响，学者开始将目光聚焦于汉魏时期，郑学重新回到士人的视野，礼学研究也取得了辉煌的成就，大批的礼学大儒和著作相继出现。

乾嘉之际，在礼学研究方面比较有代表性的人物有凌廷堪和阮元。他们倡导“以礼代理”，掀起了一股研习礼的潮流。

凌廷堪（1755—1809），字仲子，又字次

1 / 关于中英外交礼节的冲突，参见刘凤云:《谈马戛尔尼使团访华的礼节冲突》，《清史研究》1993 年 01 期。

仲，安徽歙县人。天赋异禀，读书能够一目十行。凌廷堪很小的时候父亲就去世了，是由他母亲教授读书。年长以后，师从翁方纲。他的同乡江永、戴震都是著名的经史学家，受他们影响，凌廷堪也开始研究经史。中进士后朝廷循例授知县，但他推辞，自请改为教职，入选宁国府学教授。之后因其母丧回到徽州，后来在敬亭、紫阳二书院主讲，并著述。

凌廷堪关于礼学的著作有《礼经释例》《校礼堂文集》，其中《礼经释例》更被称为是研读《仪礼》必备之著作。他主张《仪礼》是礼的本经。《仪礼》一书素来被认为难读，节文威仪繁复，容易让人理不清头绪。凌廷堪认为这是因为在读礼时没有找到合适的方法，若采用释例体来解读礼经，很多问题便可迎刃而解。他还对制礼思想多有阐发。他认为圣人之道，平凡容易。概括来说，圣人之道，就是一个“礼”字，“礼之外，别无所谓学也……盖至天下无一人不囿于礼，无一事不依于礼，循循焉日以复其性于礼而不自知也”[1]。可以说，他认为儒家学说的核心思想是礼，礼的范围涵盖了天下所学。他的礼学思想在学术界和社会引起了巨大反响，得到当时之人如刘端临、黄春谷、阮元等的积极响应。

阮元（1764—1849），字伯元，号芸台，江苏仪征人。乾隆进士，官至湖广、两广、云贵总督，体仁阁大学士。他积极推动教育事业，曾在杭州创立诂经精舍，在广州创立学海堂。他组织学者从事编书刊印工作，先后主编《经籍籑诂》，校刻

1 / 凌廷堪:《复礼上》,《校礼堂文集》卷四，中华书局1998年版。

《十三经注疏》，汇刻《皇清经解》等。又由经籍训诂，求证于古代吉金、石刻，并扩大到天文、历算、地理。在经史、数学、天算、舆地、编纂、金石、校勘等方面都有着非常高的造诣，被尊为三朝阁老、九省疆臣、一代文宗。

在礼学方面，阮元对《周礼》《仪礼》《礼记》都有涉及。在礼学文献方面，他主持的《十三经注疏校勘记》中就包含其对于礼学的考究。他奉命校勘《仪礼石经》，考订《仪礼·丧服》传注中的舛误，并对礼图学有所涉猎。阮元以自身行动大力推广礼学。他在浙江任职学政期间，把西湖孤山用作修书的五十间房屋，改建为诂经精舍。他说明立学的宗旨："精舍者，汉学生徒所居之名；诂经者，不忘旧业，且勖新知也。"（阮元《西湖诂经精舍记》）可见他推崇汉学，主张训诂、考据的治学方法。精舍请王昶、孙星衍主讲，并奉祀汉代经学家许慎、郑玄，与当时学堂主祀二程、朱熹的情况相异，展现出"学本经术不尚玄谈"之旨。这充分说明阮元积极推广礼学所做的努力。在礼俗方面，他还校正了被人们误会已久的乡饮酒礼，切实地端正礼俗。

在礼学思想方面，阮元阐发了"以礼代理"思想。他在《书东莞陈氏〈学蔀通辨〉后》中评价朱熹的学术成就时曾经讲道："朱子中年讲理，固已精实，晚年讲礼，尤耐繁难。诚有见乎理必出于礼也。古今所以治天下者，礼也。五伦皆礼，故宜忠宜孝，即理也。"他用朱熹中年前讲理，到晚年后开始转向礼的事例，来说明"理必出于礼"的观点。

凌廷堪、阮元提倡的“以礼代理”礼学思想，不仅是清初礼学“经世致用”的继续，也为此后“礼学即理学”思想的产生奠定了道路。

嘉道之际，清政府由盛转衰，政治危机四伏，各种社会矛盾错综复杂。表现在学术层面上，汉学逐渐衰弱，宋学始有反弹之势，宋学学者对汉学家“舍理言礼”说展开了驳斥，重新对礼、理关系进行了定位，方东树便是其中的代表人物。

方东树（1772—1851），清代中期文学家及著名思想家，字植之，安徽桐城人，自号仪卫老人，故后世学者称其为仪卫先生。他自幼聪颖好学，每日鸡鸣即起至深夜，严寒酷暑，苦读精研不间断。哪怕已经躺下安睡，一旦有了心得，也立即披衣省览，执笔记录下来。后师从姚鼐，为姚鼐的得意门生。他非常推崇朱熹的义理之学。他在礼学思想方面对“礼”和“理”的关系进行了辨析，对清初以来学界逐渐形成的“以礼代理”思潮进行了批驳。他认为，理是天理，而礼只是天理之节文。他指出：“不知礼是四端五常之一，理则万事万物咸在。所谓：礼者，理也；官于天也。礼者，天理之节文，天叙、天秩云云，皆是就礼一端言。其出于天理，非谓天理尽于礼之一德，而万事万物之理，举不必穷也……盖分言之，则理属礼，合论之，仁、义、智、信，皆是理。”[1] 在他看来理是高于礼的，理是万事万物的本源，礼出于理，只是天理的外在表现，是理的现象之一。但他

1 /（清）江藩、方东树：《汉学师承记（外二种）》，中西书局2012年版。

并没有因此否认礼的价值，在他看来理是抽象的东西，须借助具体的制度、仪式，才能体现出来，而礼正好发挥了这一作用。他对汉学学者提出的“舍理言礼”进行了批判，认为研究礼学不应该抛开义理只作注疏，这有违圣人以礼垂教的初衷。他的礼学观点有值得商榷之处，但也体现出当时的一些弊端，为后来汉学、宋学的融合埋下了伏笔。

嘉道以后，清王朝面临“前所未有之变局”，广大知识分子开始倡导宋明理学，力图挽救统治危机。这导致了道光、咸丰年间理学的复兴，出现了汉宋融合的趋势。其主要代表人物曾国藩、郭嵩焘、刘蓉等思想较为活跃，主张兼收并蓄，将清代以来的“义理”和“经济”观念合一，强调“以礼治国”“以礼化民”，促进了礼学在这一时期的发展。

曾国藩（1811—1872），字伯涵，号涤生，湖南湘乡人。道光进士，是军机大臣穆彰阿的门生。他推崇程朱理学，但并不是原封不动承袭，而是适应时代变化，与时俱进，不断创新。“礼，时为大”，其实“礼”就是适应当时社会需要而产生的，随着社会发展不断地改进，一开始便具有了因时变通的特点。曾国藩深谙此理，没有顽固不化，对当时的社会做了诸多变革。在第二次鸦片战争后，他作为洋务派的重要代表人，提出应“自强”，学习西方先进科技，并采纳了许多社会变革措施，如派遣留学生出国学习、改革兵制、创立湘军等。虽然这些具体内容与传统礼制已相去甚远，但这是曾国藩“时为大”的礼思想的体现。

他将抽象的“理”具体化，由所谓的“天理”转向“经世之礼”。他将“经世致用”的思想注入礼学之中，用礼来解决当时的社会问题。他将天下的学问归结于礼，他说：“古之学者，无所谓经世之术也，学礼焉而已。”（《孙艺房侍讲刍论序》）他用礼学来代表经世学，指出了礼在修齐治平中的重要价值。曾国藩非常重视礼学中阐述的政治伦理思想，认为小至为人处事、安身立命，大至富国强民、安邦立业，均与礼密不可分。

通过对礼的研究，曾国藩还找到了化解长久以来的汉、宋学之争的方法。他认为学术的归宿是礼学，通过研习礼书，可以“通汉宋二家之结，而息顿渐诸说之争”。

在礼学文献方面，曾国藩自少年始，便开始学习礼学经典，“受读《周礼》《仪礼》成诵”（《曾文正公全集》）。他在京师做官期间，尤为关注礼学，“博考名物，熟精礼典”。他对《读礼通考》《五礼通考》二书“素所服膺”，咸丰七年“奉讳家居以来，日取二书，昕夕研校，读之数反”（《曾国藩年谱》）。曾国藩重视《礼记》中的《大学》篇，他说：“盖人不读书则已，亦即自名曰读书人，则必从事于《大学》。”[1]他对《周礼》也备加关注。他认为《周礼》一书体制完备，内容详实，无所不包，对他“经世致用”的实践提供了不少的资料参考。此外，他还对《仪礼》有过研究并著有《读仪礼录》一书。此书是对《仪礼》一经的选注，体现了他考据学方面的功底。他在书中作注时，与

1 / 邓云生整理：《致澄弟温弟沅弟季弟》，《曾国藩全集·家书一》，岳麓书社 1985 年版。

其他的注解相互印证，对于有争论的地方，他不会妄自批驳，常常留有余地。

晚清礼学研究除曾国藩外，孙诒让也占据着重要地位。孙诒让（1848—1908），字仲容，号籀庼，浙江瑞安人。同治丁卯科乡试中试，援例得主事。“三礼”中，他比较看重《周礼》，认为前人对该书的注解不尽完美。他用训诂方法注解《周礼》，历时几十年撰成《周礼正义》八十六卷。此书“无宗派之见；博稽约取，义例精纯；析义精微平实；以实物证经；依据详明，不攘人之善；全书组织严密”[1]。梁启超对此书也推崇备至，说“这部书可算清代经学家最后的一部书，也是最好的一部书”。

晚清的时局变化，让孙诒让的《周礼》研究在实际政治改革中得到了实践运用的机会。1901年义和团运动兴起和八国联军入侵，使清政府的危机感空前增强。经庚子国难后，清政府开始准备变法，诏令有识之士提交变法方案。面对民族危亡，孙诒让从国故典籍中探寻救国之路，以《周礼》所设计的六官系统为基本，总结中国传统政治制度，结合了西方新式政治学说，草拟了《变法条议》四十条，后来以《周礼政要》刊刻发行。同时期类似的著作还有康有为的《大同书》。该书利用今文经学和《礼记·礼运》中的大同思想，并借鉴了欧美的空想社会主义、资产阶级民主思想等。

虽然这些变法的举措在当时不一定能完全适应历史发展的需要，而且最终并没有实

1 / 洪诚：《读周礼正义》，《孙诒让研究》，杭州大学语言文学研究室1963年版。

施，但它们开创了中国传统礼仪与现代文明结合的范例。这也是传统礼学在现代文明社会下的进一步发展。

总之，礼学在清代达到了新的高度，出现新的特点。除以上所举之外，还有大批礼学大儒，如戴震、郭嵩焘、左宗棠、郑珍、刘蓉、王先谦、章太炎、刘师培等对礼学复兴和繁荣做出了突出贡献。总体来看，清朝的礼学摆脱了宋明以来空谈义理的风气，对汉学有一定的恢复，更注重经世致用，注重礼在现实生活中的应用。面对“前所未有之变局”，礼学家们积极发挥礼学在新环境中的价值，在一定程度上促进了近代文明的兴起。

第十一章

近代以来“礼”的变迁

随着中英鸦片战争的爆发，西方列强用坚船利炮叩开了中国的大门，奉行闭关锁国的古老中国被迫开始融入以西方文明为主导的国际世界。《礼记》中说：“移风易俗，天下皆宁”，“世异则事变，事变则时移，时移则俗易”。近代以来，一方面西方先进的科学技术成果以及西方的现代礼仪、思想等开始逐步传入中国，对中国传统的思想造成了巨大冲击；另一方面，一部分中国人也进行了自我反思，开始寻求救国之路。辛亥革命胜利后成立了亚洲第一个资产阶级共和国——“中华民国”，这在整个中国的历史上具有十分重大的意义，它结束了延续两百多年的清王朝的统治，宣告了长达两千余年的封建帝制的灭亡。民国时期是社会大发展、大变革时期，风俗的演进也进入转型的阶段。国人的衣食住行、生活习俗都发生了飞跃性的变化。随着新文化运动如火如荼地展开，当时的新型知识分子打着民主与科学的旗号，对传统的礼教进行了猛烈的抨击，中国传统的礼仪第一次面临改革，甚至被抛却的危机。

中国自从鸦片战争以来饱受西方列强入侵，在这一过程中逐渐接触到了西方的思想、文化和习俗。一部分中国人开始睁眼看世界，提倡学习西方。他们由学习西方的先进技术逐渐深入到制度、思想和文化层面。如孙中山在海外时便剃发、穿西装，以显示自己的政治追求。

同时，由于中西文化的迥异，在清末民初东西方交流逐渐深入的过程中，东西文化不可避免地出现了碰撞、矛盾甚至冲突。"礼"作为中华传统文化的核心要素更是首当其冲 ，面临冲击和压力，开始出现不同于往日的变化。

传统礼俗的第一次变化发生于太平天国运动期间。19 世纪中期，洪秀全多次参加科举考试，结果都是名落孙山。一个偶然的机会，他得到了几本宣传基督教思想的小册子。洪秀全吸收西方基督教教义，并结合中国传统秘密宗教，成立了"拜上帝教"，后来以信徒为主力发动了以推翻清朝统治为目标的太平天国运动，建立"太平天国"。太平天国改变国人的日常礼俗，参照西方基督教制定了礼仪。与中国传统君臣父子的社会不同，拜上帝教认为所有人都是上帝子女，相互间都是兄弟姐妹，应有无相恤，衣食与共。他们以上帝为唯一真神，排斥佛教、道教以及中国传统儒学，捣毁文庙、孔子牌位，烧毁儒家经典，抵制清人的服饰等。太平天国运动使清代以来延续的社会秩序、礼仪习俗遭到严重的冲击。

戊戌变法时期，礼俗也不断变革。资产阶级维新派通过创办报刊、学会、学堂宣传维新变法思想，主张学习西方的思想、制度、礼俗等，他们提出“戒缠足，兴女学”的口号。缠足是指女性从四五岁起用布将双脚紧紧缠裹，使之畸形变小，直到成年骨骼定型后方将布带解开，或者终身缠裹，以此为美观。明代缠足之风兴盛，出现“三寸金莲”。清代统治者起初极力反对缠足，但缠足之风已是难以停止，到康熙七年（1668）只好罢禁，缠足之风进入鼎盛时期。晚清时许多知识分子认为缠足是中国落后的象征之一，其导致妇女羸弱，进而影响整个民族和国家的力量。在戊戌变法影响下，上海、湖南、广东等地成立了反对妇女缠足的民间组织——不缠足会。康有为专门写了一篇《戒缠足会檄》，他在女儿到了缠足的年龄后拒绝为其缠足，遭到了广东家乡人的强烈反对，但他仍坚持不给女儿缠足。据说他使得“粤风大移”。康有为在《请禁妇女裹足折》中认为女性缠足影响了母体健康，从而使得婴儿体弱，进而影响国民健康。这些都是根据社会发展进行的对传统礼俗的革新。

清末新政对官制、统治机构做了一些改革。官方主动开启礼俗的变革。如光绪二十七年（1901）十二月二十三日，慈禧发布懿旨，宣称“俯顺人情，开除此禁，所有满汉官民人等，著准其彼此结婚，毋庸拘泥”。这实际上允许满汉通婚。1907 年，清政府宣布废止从前关于满汉不得通婚的禁令。婚礼等其他礼俗也开始由上至下地发生了改变。

辛亥革命期间，资产阶级在宣传革命思想时，也意识到改良社会风俗的重要性。他们纷纷剪掉辫子，改革发型，脱掉长袍马褂，改穿新式服饰，劝禁缠足。他们风示各学生，誓不娶小脚女子为妻，于是，女子为了婚嫁考虑，只得放弃缠足。缠足之风由此顿杀。民国期间，蒋介石还发起过“新生活运动”，以礼、义、廉、耻为基本准则，改造国民的衣食住行等日常生活。

1915 年，陈独秀在上海创办《青年杂志》[1]，并在创刊号上发表《敬告青年》一文，正式吹响了新文化运动的号角。胡适、李大钊、鲁迅等一些受到西方教育（新式教育）的人，热情宣传西方的民主与科学思想，向以孔子为代表的旧道德和旧文化，向封建礼教发起了猛烈的抨击。在他们看来，旧的礼仪已经不适应甚至阻碍了中国社会的发展，应该突破束缚人性和个性的旧礼教、旧的家庭制度和旧的仪礼制度等。新文化运动动摇了封建道德礼教的统治地位，促进了国人的思想解放，也促进了礼俗的深刻变化。

清末民初是社会各方面发生大变革时期，渗透于各方面的礼俗更是不例外，显而易见的变化当属人们的服饰、称谓、发型。

民国建立伊始，临时大总统袁世凯向全国公布参议院决议通过的《民国服制》，该服制附有图式。《民国服制》规定：“男子礼服分为大礼服、常礼服两种。其中大礼服分书用、夜用两种：书用大礼服为西式大氅式；夜用大礼服类似燕尾服，但后摆呈圆形，裤用西式长裤。常礼服也分两种：一为西式，

1 /《青年杂志》从第二卷起改名为《新青年》，是新文化运动的主要阵地。

一为袍褂式，均为黑色，衣料采用国产丝、毛织品或棉、麻织品。女子礼服则只有一款：上用长与膝齐的对襟长衫，下用长裙；衫裙均加绣饰。穿着礼服出席丧礼时，男子要在左腕缠上黑纱，女子则在胸前缀以黑纱结。”《民国服制》还对礼帽、礼靴等做了具体规定。该法令首次明确将西方的服饰列为国家礼服。

据 1912 年 3 月的《申报》记载，当时出现了“中国人外国装，外国人中国装”“男子装饰像女，女子装饰像男”“妓女效女学生，女学生似妓女”以及平民穿官服、官僚穿民服的现象。

民国期间，在服饰变化中最典型的表现可谓是女子的旗袍和男子的中山装。

旗袍是民国时期最流行、最具代表性的女子服饰。旗袍是在满族人的传统服装的基础上，采用西方的服装制作工艺而形成的。民国旗袍的特点是腰身收紧，凸显女子的身体线条。这是民国时期男女平等、追求自由的思想体现。旗袍形成之后，迅速风靡全国。当时社会各个阶层，上至达官显贵的小姐、太太们，下至民间妇女、女工、女学生都有穿着旗袍的习惯。在交际场合和外交活动中也时常看到它的身影。比如蒋介石的夫人宋美龄就喜爱穿旗袍，她在外交场合身着旗袍，震惊西方媒体，直至晚年仍时常穿它。

男子服饰则出现从长袍马褂向中山装和西装逐渐过渡的趋势。长袍马褂是满清时期的传统服装，民国时仍然将长袍马褂作为国家礼服的一种。一些守旧人士仍坚持穿长袍马褂，来体现自己对传统文化的拥护。

西装在民国也是常见的男子服装。一开始穿着西装的大都是留学欧美的留学生和反清的革命人士，后来逐渐风靡开来。

据传中山装是由孙中山先生亲自参与创制的，是在学生装和西装的基础上改革而成的一种服装。

由于孙中山先生和国民政府的倡导，中山装迅速成为当时的服饰潮流，成为民国时期三大男装款式之一。很多著名人物如蒋介石、毛泽东、周恩来、邓小平都常穿着中山装。直到今天，中山装仍然作为代表中华民族气魄的一种服装，流行在人民的生活中。

清末民国以来，人们思想进一步开放，不再执着于“身体发肤，受之父母，不敢毁伤”的箴言，开始留起新发型。清初要求男子剃头留辫，五四运动后人们思想观念发生深刻的变化，男子将辫子剪掉，开始留光头、平头、分头样式的短发。一直以来，女子发型的差别主要体现在发髻、头饰的不同，清末曾一度流行“前刘海”的发型。辛亥革命后，女子也将长发剪掉，留起了短发，结束了几千年束发戴冠的历史。同时还兴起了染发、烫发。

近代以来，我国的称谓礼仪也发生了变化。1912年3月，民国政府公布《大总统令内务部通知各官署革除前清官厅称呼文》和《内务部咨各省革除前清官厅称呼文》，开始了对称谓礼仪的变革。令文指出：“官厅为治事机关，职员乃人民公仆，本非特殊之阶级，何取非分之名称。查前清官厅，视官等之高下，有大人、老爷等名称，受之者增惭，施之者失体。光复以后，闻中央地方各官厅，漫不加察，仍沿旧称，殊为共和政治之玷。特规定今后各官厅人员皆以官职相称，民间普通称呼则曰先生、曰君，不得再沿前清官厅恶称。”[1]

尽管只是称呼的变革，但它打破了两千多年来在中国社会上根深蒂固的社会等级制度，表明当时社会实现了形式上的平等。尽管还有很多人不能从思想上完全适应这种转变，但它在不断冲击旧观念的同时，引导新观念走入民主共和贫瘠的土地，使之生根发芽，开枝散叶。[2]

此外，人们的婚丧礼俗也发生了巨大的变化，“新生活运动”提倡婚礼从简，集体婚礼出现。婚礼仪式逐渐西化，人们多穿白色婚纱，手捧鲜花，在教堂举行婚礼。饮食、休闲娱乐方式也发生了巨大变化，吃西餐、西式蛋糕，喝洋酒、咖啡等成为时尚。如作为天下第一家的孔府，其婚丧嫁娶等礼俗也随社会变迁发生了变化。孔子裔孙的婚姻，关系到孔家的传宗接代及衍圣公的延续，所以都是根据遗训举行的。民国时期，最后一位衍圣公孔德成的婚礼已经反映出礼俗的变迁。按照衍圣公府的规定，迎娶新娘时，新娘必须坐八人抬的大轿，礼合当朝一品官。但是当时读新学的人物及年轻一代主张乘坐汽车。经过几番争论之后，采取了中西合璧的折

1 / 王立民等主编:《“西法东渐”与近代中国寻求法制自主性研究》，上海人民出版社。

2 / 盖志芳:《民国礼学的历史考察》，山东师范大学，2007 年 4 月硕士学位论文。

中方案：新娘乘轿从五马祠街出府，中途下轿，改乘汽车，至衍圣公府门口再乘花轿。婚礼过程中的行礼由以往的鞠躬作揖改为鞠躬。在婚礼上出现了新娘有伴娘、新娘穿婚纱等新式婚俗现象。[1]

当时著名期刊《良友》对婚礼的报道[2]

民国时期，礼俗的变化不仅仅表现在以上所述，而且已经拓展到婚丧嫁娶等社会各个层面。这一时期，不仅原有的中国文化得以继承和发扬，从西方传入的文化也开始在中国流行。但由于民国时期经济发展不平衡，也导致地区之间礼俗发展的不平衡。城乡之间、沿海与内陆之间差异明显。总而言之，民国是一个新旧交替的时代，民国社会礼俗的变化提高了整个国民乃至整个国家的整体素质，影响至今。

总体来说，人们的生活方式、礼仪习俗较以往社会发生了天翻地覆的变化，其中蕴含的礼仪也愈发简化，

1 / 孔繁银：《衍圣公府见闻》，齐鲁书社1992年版，第204页。

2 / 参见孔子博物馆临时展陈：《衍圣百年——孔德成先生百年纪念展》，2019年8月29日—12月29日。

礼仪的生活性、实用性增强，象征性、教化性减弱。在这一新旧交替的转折期，国民的礼俗也随社会发展不断传承发展、变革改进，影响了当时乃至后来人们的国民素质和民族风貌。

参考文献

[1] 司马迁．史记 [M]. 北京：中华书局，1988.

[2] 班固．汉书 [M]. 北京：中华书局，2007.

[3] 陈寿．三国志 [M]. 郑州：中州古籍出版社，1996.

[4] 范晔．后汉书 [M]. 北京：中华书局，2007.

[5] 房玄龄，等．晋书 [M]. 北京：中华书局，1974.

[6] 魏徵，等．隋书 [M]. 北京：中华书局，1973.

[7] 刘昫，等．旧唐书 [M]. 北京：中华书局，1991.

[8] 欧阳修，等．新唐书 [M]. 北京：中华书局，1975.

[9] 脱脱，等．宋史 [M]. 北京：中华书局，1985.

[10] 朱熹．河南程氏遗书 [M]. 上海：商务印书馆，1935.

[11] 朱熹．四书章句集注 [M]. 北京：中华书局，1983.

[12] 程颐，程颢．二程集 [M]. 北京：中华书局，2004.

[13] 王阳明．王阳明全集 [M]. 上海：上海古籍出版社，2011.

[14] 孙希旦．礼记集解 [M]. 北京：中华书局，1989.

[15] 李学勤．十三经注疏 [M]. 北京：北京大学出版社，2000.

[16] 杨伯峻 . 春秋左传注 [M]. 北京：中华书局，2009.

[17] 杨天宇 . 仪礼译注 [M]. 上海：上海古籍出版社，2004.

[18] 杨天宇 . 礼记译注 [M]. 上海：上海古籍出版社，2004.

[19] 杨天宇 . 周礼译注 [M]. 上海：上海古籍出版社，2004.

[20] 王先谦 . 荀子集解 [M]. 北京：中华书局，1988.

[21] 戴震 . 戴震集 [M]. 上海：上海古籍出版社，1980.

[22] 刘义庆 . 世说新语 [M]. 北京：中华书局，2007.

[23] 王国维 . 观堂集林 [M]. 北京：中华书局 1959.

[24] 凌廷堪 . 校礼堂文集 [M]. 北京：中华书局，1998.

[25] 郭沫若 . 十批判书 [M]. 北京：人民出版社，1954.

[26] 钱穆 . 朱子新学案 [M]. 北京：九州出版社，2011.

[27] 钱穆 . 中国文化史导论 [M]. 上海：上海三联书店，1988.

[28] 金景芳，等 . 经书浅谈 [M]. 北京：中华书局，1984.

[29] 刘起釪 . 古史续辨 [M]. 北京：中国社会科学出版社，1991.

[30] 彭林 . 中国古代礼仪文明 [M]. 北京：中华书局，2004.

[31] 朱筱新 . 中国古代的礼仪制度 [M]. 北京：商务印书馆，1997.

[32] 李云光 . 三礼郑氏学发凡 [M]. 上海：华东师范大学出版社，2012.

[33] 林存阳 . 清初三礼学 [M]. 北京：社会科学文献出版社，2002.

[34] 黎靖德 . 朱子语类 [M]. 北京：中华书局，1994.

[35] 聂崇义 . 新定三礼图 [M]. 北京：清华大学出版社，2006.

[36] 李乐毅 . 汉字演变五百例（续编）[M]. 北京：北京语言大学出版社，2013.

[37] 漆侠 . 宋学的发展和演变 [M]. 石家庄：河北人民出版社，2002.

[38] 马士 . 中华帝国对外关系史 [M]. 上海：上海书店出版社，2000.